부락인지
요구인지
확실히
말해

김현정 지음

부탁인지 요구인지 확실히 말해

무례한 사람에게 웃으며 선 긋는 법

'괜찮은 사람'이 되기 위해
자신을 억누르며 살아온 이들을 위한
소통 매뉴얼

문예춘추사

프롤로그

"내가 왜 이렇게까지 해야 하지?"

이 문장을 떠올려본 적이 있다면, 이 책은 당신을 위한 책입니다. 사람들과 관계를 맺는 일이 왜 이렇게 피곤한지, 왜 어떤 사람에게는 말을 꺼내는 것조차 부담스러운지, 왜 늘 내가 손해보는 것 같은 기분이 드는지. 그런 질문이 쌓이고 쌓여 어느 날, 문득 혼잣말처럼 터져 나옵니다.

"너는 안 그래? 나는 그래!"

이 책은 '괜찮은 사람'이 되기 위해 자신을 억누르며 살아온 이들을 위한 심리적 안내서입니다. 관계에서 상처받고, 감정을 제대로 표현하지 못하고, 거절을 두려워했던 많은 사람들에게 "그럴 수도 있어요"라고, 그리고 "이젠 그렇게 안 살아도 돼요"라고 말해주고 싶었습니다.

저는 오랫동안 말을 가르치는 업으로, 수많은 학생과 부모,

동료들을 만나왔습니다. 그리고 상담 심리를 공부하며 알게 되었습니다. 사람과 사람 사이의 갈등은 대부분, 표현되지 않은 감정과 제대로 세워지지 않은 경계에서 시작된다는 사실을요.

그래서 이 책에서는 '무례함'과 '기대', '거절', '자기 감정의 책임' 같은 관계의 핵심 주제를 차근차근 풀어가며, 내 감정은 내가 책임지고, 타인의 감정엔 휘둘리지 않으며, 나를 지키되 무례하지 않은 사람으로 살아가는 방법을 담았습니다.

이 책은 심리학 이론보다 일상적인 에피소드에 가깝습니다. 저의 실수, 후회, 깨달음이 고스란히 녹아 있거든요. 누군가에겐 어쩌면 친구와의 대화처럼, 누군가에겐 따뜻한 손 편지처럼 느껴지길 바랍니다. 당신이 이 책을 덮을 때쯤에는, 누군가의 기분보다 자신의 기분을 먼저 살피고, 타인의 기대보다 나의 기준을 더 소중히 여기는 사람이 되어 있기를 바랍니다. 조금은 까칠해도 괜찮습니다. 나를 지키는 건, 나밖에 없으니까요.

차례

프롤로그 004

 **나는 인간관계에 서투른 사람일까?**

인간관계는 왜 어려운 걸까? 012
내가 화난 건 오해이고 다른 사람 화는 내 잘못? 023
참고 기다리면 내 마음을 알아줄 줄 알았는데 033
기브 앤 테이크는 바라지도 않아 043
너는 그래? 나는 안 그래! 054

무례한 사람들의 흔한 특징

왜 네 멋대로 내 마음을 판단해? 066
익숙함에 빠져 소중함을 잊는 사람 076
네가 알 것까지 없어 087
'다 널 위해서야', 조언이라지만 사실은 지적질 098
어떻게 나한테 그럴 수 있어? 109

 매너 있게 거절하고 당당하게 표현하는 법

때론 내 감정 표현을 문자나 메신저로 정중하게 120
거절은 한 번이 어렵지 두세 번이면 익숙해진다 131
지금이라도 깨달으면 숨쉬기 편해지는 거절 방법 142
'끌리는' 사람은 1%, '끌려다니는' 사람은 99%? 152
'참을 인' 세 번이면 호구 된다 162

무례한 상대에게 휘둘리지 않는 마음 관리법

평정심이 최고의 무기다 176
관계의 저울추를 내 쪽으로 옮겨라 187
마음의 굳은살을 마음의 근육으로 바꾸기 197
눈치로부터의 자유를 구가하라 207
이유 없이 나를 싫어한다면, 싫어할 만한 이유 만들어주는 용기 217

우주의 중심은 바로 지금, 이 순간의 '나'

나보다 더 나를 사랑하는 사람은 없다 228
비교는 악마의 속삭임 238
완전한 인간은 없다. 부족한 나를 인정하자 249
나만 불행하다는 착각 259
행복한 이기주의자가 되어라 269

Part 6 | 인간관계를 단단하게 만드는 인생 처방

무례한 사람을 상대하는 관계 요령 총정리 280
인간관계도 분위기가 중요하다 286
급할수록 천천히 마음의 속도를 맞춘다 293
비난보다 칭찬을 입에 담는 사람 299
결국 감사하는 마음이 이긴다 305

에필로그 312

PART

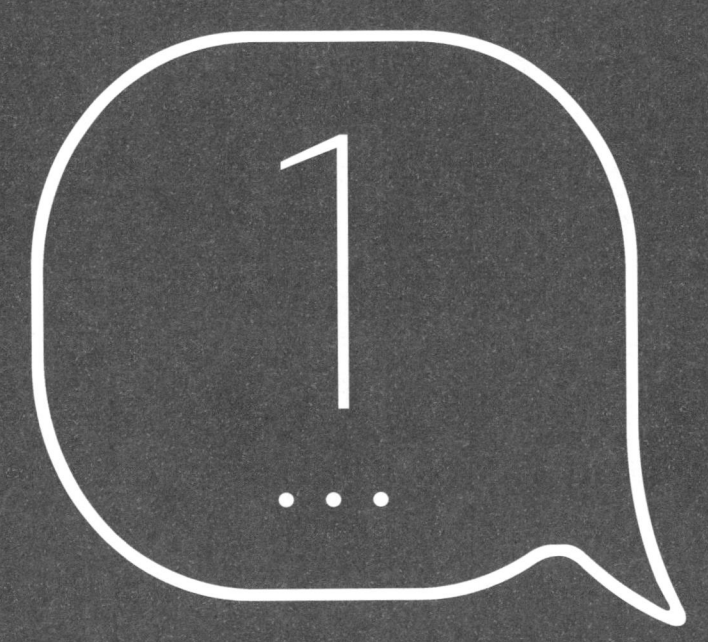

나는 인간관계에 서투른 사람일까?

인간관계는 왜 어려운 걸까?

인간관계는 공기와 같다. 공기에는 이산화탄소, 질소, 먼지 등이 산소와 함께 섞여 있다. 하지만 우리는 아무렇지 않게 숨을 쉰다. 인간관계도 마찬가지다. 좋은 사람도 있지만, 나에게 상처를 주는 존재도 함께 섞여 있다. 그것이 자연스러운 일이다. 그럼에도 인간관계가 어렵다고 느끼는 사람들이 많이 있다. 왜일까? 우리는 어떻게 관계 속에서 나를 지키며 살아갈 수 있을까? 어떻게 해야 현명하게 처신할 수 있을까? 잘 견디는 방법은 무엇일까?

💬 인간관계가 불안한 이유

우리가 인간관계에서 어려움을 느끼는 데는 그럴 만한 이유가 있다. 장소나 사람에 대한 수줍음이 커서 사람들과 친밀하게 사귀는 것 자체에 어려움을 느끼는 경우다. 기질적으로 사람들에게 먼저 다가가거나 자신의 감정이나 경험을 적극적으로 드러내는 것이 힘든 것이다. 다가갔는데 상대방이 받아주지 않을지도 모른다는 두려움이 있어서다. 스스로에 대한 기준이 높아 그 기대치를 채워야 한다는 부담감이 지나치기 때문이다. 사람들과 가까워지는 것을 애초에 좋아하지 않는 경우도 있다. 또는 관계를 맺는 것에 큰 관심이 없기도 하다. 개별성과 독립성을 더 중요하게 생각하기 때문이다. 일정한 거리를 두고 내면의 감정을 사람들과 나누는 일에도 적극적이지 않다. 모두 외로운 편을 택할 가능성이 높아진다.

어떠한 경우도 사람을 만나야 하는 일에 쉽게 피로감을 느낀다. 인간관계에서 기대치를 채우기 어렵거나, 자신의 통제 범위를 벗어날 것 같은 상황 앞에서는 불안감이 커진다. 편안한 관계가 아니면, 쉽게 자신을 드러내기 어렵다. 그러다 보면 점점 관계가 더 어려워진다. 타인의 반응에 민감한 성향이 높으면 사회적 불편감을 겪을 확률도 높아진다. 처음부터 그런 일을 만들지 않고자 인간관계에 거리를 두게 된다. 그래서 관계 자체가 버겁게 느껴지기도 한다.

심리학자 융에 따르면, 정신 에너지는 외부에서 영향을 받는다고 한다. 이 에너지는 외부 세계와 상호작용을 하며 흐른다. 타인과의 관계, 사회적 사건, 자연 등의 외부 자극이 내면의 에너지 흐름에 영향을 준다. 그는 인간의 마음을 균형을 추구하는 시스템이라고 보고, 이 균형이 깨질 때 여러 심리적 어려움이 나타난다고 했다. 이 불균형 상태는 긴장, 불안, 갈등, 우울

같은 스트레스를 일으키는데, 그런 증상들이 우리에게 보내는 일종의 신호라고 한다. 융은 '불안'을 단순히 제거해야 할 것이 아니라, 자기 자신을 더 깊이 이해하고 통합해가는 과정에서 해소해야 할 것으로 보았다. 마음이 불안정하면 외부에서 오는 아주 작은 에너지에도 과격한 정서 반응을 일으킬 수 있으니, 우리 마음이 외부 자극에 휘둘리지 않도록 마음의 '물길'을 터주는 것이 필요하다.

그런데 우리는 인간관계에 대해서 배운 적이 없다. 일정한 규칙이 있어서 교과서적으로 배울 수 있는 일이 아니기 때문이다. 성장 과정에서 주변 사람들을 보며 정서적으로 습득하는 경우가 훨씬 많다. 인간관계를 편안하게 만드는 것은 결국 용기를 내느냐 마느냐의 차이일 뿐이다. 거부당하고 상처받는 것에 대한 두려움을 내려놓고 분명하게 내 생각을 표현하다 보면 자기주장을 하는 것도 더 이상 불편하지 않게 된다. 인간관계는 어렵지만, 삶이란 것이 결국 우리 모두 배우며 성장해가는 여정이다. 셰익스피어는 "본질적으로 좋고 나쁜 건 없다. 우리의 생각이 어떤 것을 좋거나 나쁜 것으로 만든다"고 했다. 에이브러햄 링컨 역시 "사람은 자신이 행복해지겠다고 마음먹는 만큼만 행복하다"고 했다.

💬 인간관계의 본질: 양과 깊이

　상대를 많이 알고 오래 만났다고 해서 친밀한 관계라 할 수 없다. 한 동네에 오래 살다 보면 자연스럽게 어떻게 살고 있는지, 심지어 어떻게 컸는지조차 아는 경우가 있다. 어떤 음식을 좋아하고 어떤 음료를 주문하는지 등과 같은 사소한 양의 엄청난 정보가 형성된다. 대부분은 이것을 친밀감이라고 착각한다. 그러나 그렇지 않다. 대화를 많이 했다고 해서 친한 관계가 되는 것도 아닐 뿐더러 많은 일상을 공유했다고 해서 나와 그 사람이 가까운 사이라고도 할 수 없다. 아는 사람이 많을 뿐 정작 중요한 때 그들이 썰물처럼 빠져나가고 아무도 없다는 사실에 허탈해하는 사례가 많다. 인간관계의 본질은 양이 아니라 질이다.

　인간관계의 본질은 얼마나 많이 만나는가, 얼마나 많이 아느냐보다 얼마나 깊게 아느냐이다. 많이 만나지만 깊이가 없는 대표적인 관계가 일과 관련된 관계다. 날씨나 경제 이야기, 안부 묻기, 다른 사람 이야기 등 일상의 이야기를 한다. 그 이상은 없다. 서로가 서로에게 필요하며 이익이 되는 관계다. 회사를 나오거나 거래처를 옮기면 자연스럽게 멀어진다. 예를 들어 10명이 각자의 목표를 위해 자연스럽게 팀으로 뭉쳐 프로젝트를 열심히 하고 그 성과를 나눠 갖는 관계다. 프로젝트 때문에 뭉쳤기에 프로젝트가 끝나는 순간, 그들을 연결하던 끈도 함께 끊어진다. 이러한 관계를 기능적인 관계라 부른다.

　이 기능적인 관계는 사회적 관계에서만 있을까? 그렇지 않다. 정도의 문제일 뿐 친구, 연인 사이에서도, 심지어 가족 사이에서도 얼마든지 있다. 예를 들어 별로 좋아하지도 않으면서 밥 먹을 사람이 없어서 내가 누군가를 만나고 있다면 그 사람이 친구든 연인이든, 결국 기능적인 관계일 뿐이다. 자녀라도 그저 도리로만 이어져 있다면 그 관계는 혈연일지라도 기능적인 관계에 불과하다. 의무만 가득할 뿐 서로에 대한 정은 사라진 상태다. 기능적인 관계에만 능한 사람이라면 무수한 사람을 만난다고 하더라도 외로움과 고립감을 강하게 느끼게 된다.

　관계의 깊이를 알 수 있는 것에는 어떤 것이 있을까? 내가 상대에 대해 느끼는 충만함, 즐거움 그리고 고마움이다. 지금 누군가를 마음속에 떠올려보자. 아래 질문을 통해 관계의 깊이를 느낄 수 있다. "이 사람은 나에게 어떤 의미가 있는가?"라는 질문에 돈, 명예, 이익이라는 답이 나온다면 당신과 그 사람은 기능적 관계다. 그렇지 않고 그 사람에 대한 깊은 사랑이 느껴지고 소중하게 생각된다면 충만감을 느끼는 것이다. 상대를 생각하는 것만으로도 입가에 미소가 생기면 즐거움을 느낀 것이다. 함께 있음이 내가 삶을 사는 이유가 된다면 고마움을 느낀 것이다. 상대에 대한 이러한 감정이 관계의 질을 결정한다.

◆ 관계의 깊이를 알 수 있는 말

"너와 함께 있어서 참 좋아."
"당신과 함께할 수 있어서 너무 기뻐."
"내 옆에 있어줘서 정말 고마워."
"너랑 있으면 마음이 편안해져."
"너랑 있으면 시간 가는 줄 모르겠어."
"네가 옆에 있어주는 게 얼마나 큰 힘이 되는지 몰라."

관계의 완성은 얼마나 깊이 그 마음을 나누는지에 달려 있다. 내가 내 속마음을 상대에게 얼마나 깊이 이야기하는지에 달려 있다. 관계의 본질은 '양'이 아니라 '깊이'다. 얼마나 깊이 교감하고 있느냐, 그것이 진짜 관계를 말해준다.

💬 인간관계, 숨 쉬듯 자연스럽게

인간관계를 성공적으로 이루기 위해서는 불필요한 에너지 낭비를 줄여야 한다. 나를 방해하는 요소들로부터 스스로를 보호하기 위해서다. 나에게 불편감을 느끼게 하는 심리적 원인이 무엇인지 파악하는 것은 그 이유를 아는 것에서부터가 불편함을 더는 계기가 될 수 있다. 아무리 유연한 성품의 사람일지라도 계속해서 긴장과 불안에 노출되면 문제를 초래한다. 인간관계에서 느끼는 불안, 긴장, 두려움은 공기와 마찬가지로 지극히 현실적인 감정이기 때문에 억압하기보다 있는 그대로 그 감정을 수용해야 한다. 숨을 쉬듯 자연스럽게 흐르도록 만들어야 마음에 여유가 깃들 수 있다.

반면, 마음을 터놓고 함께 지내고 싶은 상대를 발견했을 때는 그 관계를 유지하고자 애써야 한다. 친밀함을 표현하는 문제에서는 누구나 다 어색하고 겁이 난다. 그러나 내게 먼저 마음을 열고 다가오는 사람을 싫어하는 경우는 거의 없다. 상대방도 비슷한 감정을 갖고 있기 때문에 내가 상대방과 맞지 않는다고 여기면 상대도 그 사실을 알아차린다. 그런 경우에는 굳이 애쓰지 말고 상대방과 거리를 유지하는 것이 좋다. 그런 상황을 일반화해서 '왜 사람들이 날 싫어하는 걸까?' 하고 안타까워할 필요가 없다.

자기 의사를 잘 전달하지 못해 어려움을 느낄 때는 커뮤니케이션 기술이 필요하다. 뒤돌아서 '아, 이렇게 말했어야 했는데'라며 후회해본 경험은 누구에게나 있다. 절차 기억(procedural memory)이라는 것이 있다. 반복적인 행동이나 기술을 통해 익힌 '몸으로 체득된 기억'으로 무의식중에 떠오르는 것을 말한다. 예를 들어 달리기, 수영, 자전거 등은 처음에 배우기 어렵지만 한 번 익히면 몸이 기억하고 숙달된다. 절차 기억은 익혀두면 쉽게 꺼내어 쓸 수 있어서 복잡한 상황에서도 내 의견을 논리적이고 효과적으로 전달할 수 있게 해준다.

◆ 연습해두면 좋은 의사소통의 절차 기억

1. 기본 대화 기술	"지금 이 일을 하고 있어요. 만나서 반가워요."
2. 감정 표현의 자동화	"그럴 수도 있겠다. 네 입장에서 생각해보니 이해돼."
3. 경계선 설정	"이건 조금 어렵겠어요, 양해 부탁드려요."
4. 공감과 리액션	"진짜 그랬겠다." "헉, 그건 너무 속상했겠다."
5. 자기조절 문장	"잠깐만 생각 좀 하고 말해도 될까요?"

즉흥적이지 않고 안정적인 대화는 훈련으로 충분히 가능하다. 여러 번 직접 말해보고, 나의 말로 익히는 연습을 통해 관계를 효과적으로 만들 수 있다.

💬 인간관계에도 미니멀리즘이 필요하다

　인맥 관리를 해보겠다고 어설프게 나갔던 모임은 오히려 나를 갉아먹는다. 인맥이라든지 네트워크라든지 하는 것들은 나의 행복과는 상관이 없다. 만나고 헤어질 때 허무함밖에 남지 않는 관계가 있는 반면, 만나고 헤어질 때 뼛속까지 영혼이 충만해지는 관계가 있다. 후자 쪽에 자신의 에너지를 쏟아부어야 한다. 이런 관계는 나의 정성을 모두 바쳐도 아쉽지 않다. 인맥에 집중하기보다 자신이 좋아하는 사람들과 함께 마음 편하게 이야기할 수 있는, 내가 나의 진심과 전력을 다해도 조금도 아깝지 않은 몇 명과의 관계로도 충분하다. 나를 허무하게 만드는 관계보다 나를 채워주는 관계를 선택한다. 그것이 나의 행복을 지키는 방법이다.

| Tip | **인맥 쌓기 전에 실력부터 쌓아야 하는 이유**

❶ 인맥보다 실력이 우선이다.
인맥은 짧게 보면 도움이 되지만, 길게 보면 그렇지 않아요. 실력이 먼저예요. 내가 나를 잘 갖추고 있으면, 결국 사람들은 나를 찾게 되어 있어요.

❷ 의미 없는 모임은, 말 그대로 아무 의미가 없다.
인맥을 쌓기 위해 억지로 모임에 나가는 사람들이 있어요. 술 한 번 마셨다고, 밥 한 번 먹었다고 인연이 되면 인맥이 될까요? 오히려 좋아하는 사람들과 기분 좋은 시간을 보내는 쪽이 훨씬 깊고 오래갑니다. 마음 맞는 사람 몇 명이면 충분해요. 그 시간에 차라리 나를 더 단단하게 만드는 게 나아요.

❸ 술집 대신, 나를 키워라.
우리의 인맥 쌓기는 주로 술집에서 이루어진다고들 해요. 자기만족을 위해선 24시간을 알차게 써야 하고, 무분별한 인맥 쌓기는 오히려 나를 해치는 독이 될 수 있어요.

내가 화난 건 오해이고
다른 사람 화는 내 잘못?

　인간의 감정은 누구나 느끼는 자연스러운 것이다. 감정은 본래 양방향으로 흘러야 한다. 그러나 어떤 관계에서는 내가 내는 화는 늘 '예민한 반응'쯤으로 여겨진다. 반면 상대방이 내게 화를 내는 것은 '내가 뭔가 잘못했기 때문'이라 한다. 나의 감정은 늘 조심스럽고 설명이 필요하게 된다. '왜 나는 이해받지 못하고 늘 이해해야만 할까?'라는 의문을 스스로 품는다. 다툼이 없기에 겉으로는 아무 문제 없이 조용해 보여도, 속으로 혼자 끊임없이 자신을 검열하는 나. 감정이 억눌린 관계는 나를 점점 지치게 만든다.

💬 나는 오해? 내 잘못?

　자신이 '덜 화내고', '덜 요구하고', '더 참는 쪽'이라면 어느새 내 감정은 상대에게 표현될 수 없는 감정이 되어버린다. 나아가 상대 감정까지도 내가 책임져야 할 문제처럼 느껴진다. 이런 불균형은 관계를 유지하는 듯 보이지만 내가 점점 없어지는 과정일지도 모른다. 관계에서 고통을 느낀다는 것은 그 고통으로부터 회복하려는 몸부림을 포함하는 것이다. 그것은 그 불편함에서 벗어나 미래로 나아가는 과정이다. 나는 변하기 때문이다. 부정적인 기억은 반드시 부정적인 영향만을 남기지 않는다. 인간은 내재화라는 과정을 통해 세상과 관계한다. 내재화란 경험한 세상을 자신의 일부로 받아들이는 것이다.

대상관계 이론을 정립한 오스트리아의 정신분석학자 멜라니 클라인(Melanie Klein, 1882~1960)은 사람이 타인과 맺는 관계의 방식은 유아기 주요 대상(특히 어머니)과의 관계에서 비롯된다고 했다. 어렸을 적 어머니와의 관계에서 형성된 '내면화된 대상(Inner Object)'에 영향을 받는다고 강조한다. 즉 우리가 지금 느끼는 관계의 불안이나 분노, 혹은 사랑의 뿌리는 어릴 적 부모와의 감정 경험에서 비롯된다는 것이다. 이에 따르면, 부정적 감정을 느꼈을 때는 두 단계 과정을 거친다고 한다.

초기에는 강렬한 불안과 죄책감, 공포를 느낀다. 그리고 이 감정을 외부로 배출하려고 밀어내어 자신을 유지하려고 한다. '세상은 정말 무섭고 위험해서 약하고 무력한 나는 세상의 위험으로부터 최대한 벗어나야 해'라고 생각한다. 이 과정을 견디고 세상을 경험해가면서 두 번째 과정이 발생한다. 세상의 부정적인 면과 긍정적인 면, 자신의 부정적인 면과 긍정적인 면을 구분하고 그것은 분리할 수 없는 세상의 일부이자 나의 일부라는 것을 이해한다. 세상의 긍정적인 면으로 부정적인 면을 이겨내고, 자신의 긍정적인 면으로 부정적인 면을 회복시키려는 시도가 나타난다. 자신과 세상에 대한 새로운 용서와 화해가 생겨나는 것이다.

　자신의 감정을 설명하기도 전에 '내가 잘못했나?' 하고 움츠러드는 것은 그 감정을 과거의 방식대로 여전히 다루기 때문일 수 있다. '대상관계'에서 형성된 감정 패턴이 작동 중이기 때문일 수 있다. 우리는 어릴 때 부모나 양육자와의 관계에서 사랑받기 위해 감정을 조절하거나 억누르는 법을 배운다. 그 관계 속에서 우리는 타인과의 정서적 관계 방식을 내면화하며 성장한다. 이 '내면화된 대상'은 삶에서 만나는 모든 인간관계의 기본 틀로 작동한다. 어린 시절, 나의 분노나 서운함이 자주 무시되거나 "그런 말 하면 엄마 속상해"와 같이 상대 감정이 우선시되었다면 나는 자연스럽게 감정을 참는 사람이 된다. 어른이 되어도 나의 감정보다는 타인의 감정을 먼저 읽고, 나보다 타인의 기분을 더 배려하는 습관이 남는다. 이런 감정 패턴은 무의식적으로 반복된다. 나는 '늘 이해하는 사람'으로 남는 이유다.

💬 감정을 말할 수 있어야 진짜 관계다

감정을 억제한다고 관계가 더 좋아지는 것이 아니다. 오히려 쌓인 감정은 언젠가 다른 방식으로 터져나오기 마련이다. 표현되지 않은 감정은 사라지지 않는다. 침묵 속에 쌓이고, 왜곡되어 결국 관계를 무너뜨린다. '화를 내지 않는 나'는 겉보기에 성숙해 보일 수 있지만, 사실은 갈등을 피하고 싶은 마음, 관계를 잃고 싶지 않은 두려움 때문인 경우가 많다. 그 억눌림은 자신을 지우는 방식으로 관계를 유지한다. 진짜 건강한 관계는 감정을 말할 수 있는 사이다. 불편한 감정을 말하는 것이 관계를 깨는 일이 아니라, 그 감정을 어떻게 표현하느냐가 관계를 결정짓는 중요한 요소다. 내 마음을 잘 그리고 따뜻하게 전하는 것이 진짜 존중이다.

미국 스탠퍼드 대학교 심리학과 제임스 그로스(James Gross) 교수의 정서 조절 이론에서의 '감정 억제(Emotion Suppression)'는 정서 조절 전략 중 하나다. 여기에서 침묵은 일시적으로는 갈등을 피할 수 있어도 장기적으로는 부정적 영향이 크다고 본다. 신체적 스트레스 반응 증가, 상대방과의 정서적 거리감을 키우며 결국 관계 만족도와 심리적 안정감 모두를 해치는 방식으로 이어진다고 했다. 그로스는 "감정을 억제하면 자신은 물론, 상대방도 그 감정을 감지하고 소외감을 느낀다"고 강조했다. 억누르는 방식은 관계를 유지하는 것처럼 보이지만, 정작 상대는 '차가움'이나 '닫힌 태도'로 감지함으로써 서로가 멀어지게 된다는 것이다.

영국의 심리학자 존 볼비((John Bowlby)의 '애착이론(Attachment Theory)'에 따르면, 애착 유형에 따라 감정 표현 방식이 달라진다고 한다. 예를 들어 회피형 애착을 가진 사람은 감정을 표현하지 않음으로써 자신을 보호하려 한다. 자신의 감정이 무시되거나 부담이 되리라 생각해서 애초에 표현하지 않는 방식을 취한다. 반대로 불안형 애착을 가진 사람은 자신의 감정을 과하게 표현하거나 반복적으로 확인하려는 경향을 보인다. 감정 표현은 있지만, 그 안에 불안과 공포가 포함된 형태다. 감정 억제는 회피형 애착에서 자주 나타나는 방어 전략으로, 이는 결국 정서적 친밀감의 결핍으로 이어진다고 했다. 감정을 말하지 않는 것은 감정이 없는 것이 아니라 애초에 '말할 수 없는 관계'라는 두려움 때문일지도 모른다는 것이다.

과거의 무력했던 자신을 미워하거나 무가치하게 보거나 잘라내야 할 어떤 것으로 받아들이지 않는 것이 좋다. 과거로부터 어떠한 상처도, 영향도 받지 않은 인생을 우리는 좋은 인생이라 부르지 않는다. 멜라니 클라인은 자신의 말년 연구에서 "내 인생의 전 과정은 나 자신과 타인에 대한 경험을 통합하려고 애쓰는 것"이라고 말했다. 과거의 자신을 포기하지만 않으면 분명 무언가 달라질 수 있다. 고통이라는 이름의 극복은 이미 시작되고 있다. 이제는 나만의 새로운 관계 기준을 다시 세워볼 차례다.

💬 감정의 책임은 누구에게?

감정은 느끼는 사람의 몫이다. 상대가 화가 났다고 해서 그것이 온전히 내 책임이 아니다. 나는 내 감정을, 상대는 자신의 감정을 책임지는 것이다. 상대가 느낀 불편을 내가 이해하려는 마음은 중요하다. 하지만 그것이 곧 나의 잘못이 되어선 안 된다. 감정에 책임을 지는 태도는 미안함이 아니라 균형에서 출발한다. 서로의 감정을 있는 그대로 인정하는 데서 건강한 관계가 시작된다. 좋은 관계는 감정이 없어서 좋은 것이 아니라, 감정을 말해도 괜찮기 때문에 좋은 것이다. 오해 없이, 억눌림 없이 존재할 수 있는 관계가 결국 나를 지치게 하지 않고 오래 함께하게 한다. 다음 질문을 스스로에게 던져보자.

◆ 관계의 기준이 되는 구체적인 질문 6가지

1 감정을 말해도 괜찮은 사람인가?	불편한 감정을 대화로 풀 수 있는 사람인가?
2 실수해도 괜찮은 사람인가?	나를 비난하지 않고 기다려주는 사람인가?
3 감정을 함께 나눌 수 있는 사람인가?	좋은 일도 마음껏 자랑할 수 있는 사람인가?
4 나의 경계를 존중해주는 사람인가?	"혼자 있고 싶어"를 이해해주는 사람인가?
5 함께 있을 때 나다울 수 있는 사람인가?	함께 있는 시간이 편안한 사람인가?
6 관계 안에서 서로 성장하고 있는가?	서로 배움과 자극이 되는 흐름이 있는가?

감정을 말할 수 있어야 하는 데는 이유가 있다. 첫째, 감정을 말할 수 있어야 진짜 친밀함이 자란다. 좋은 관계는 다툼이 없는 관계가 아니라, 불편한 감정도 안전하게 나눌 수 있는 관계다. 감정을 꺼내기만 해도 상대가 방어적으로 반응하거나, 나를 비난한다면 나는 점점 감정을 숨기게 된다. 그 관계는 겉도는 관계로만 남게 된다. 서로의 감정을 편하게 말할 수 있어야

감정을 돌볼 수 있고, 감정을 돌볼 수 있어야 서로를 지킬 수 있다. 결국 건강한 관계는 솔직한 감정에서 시작되고, 그 감정을 함께 다룰 수 있을 때 지속 가능하다.

둘째, 감정을 말할 수 있어야 관계에서 기준을 세울 수 있다. 관계에서 기준을 세운다는 것은 상대를 밀어내기 위함이 아니라, 나를 지키기 위한 시작이다. 착하고 좋은 사람이고 싶은 마음에 계속 맞추다 보면, 나는 사라지고 불편한 감정만 쌓인다. '이 관계에서 나는 나답게 존재할 수 있는가?'라는 질문은 스스로를 소중히 여기는 태도에서 비롯된다. 내 감정이 무시되지 않고, 나의 경계가 존중받을 때 비로소 나는 진짜 나로서 그 관계에 설 수 있다. 관계는 내 감정을 지키면서도 누군가와 함께할 수 있는 경험이기 때문이다.

셋째, 감정을 말할 수 있어야 서로에게 신뢰가 생긴다. 자신의 감정을 숨긴 채 이어지는 관계는 서로에게 벽을 세운 것처럼 느껴진다. 자신의 마음을 솔직히 보여주고도 편안한 관계가 이어졌을 때, 비로소 우리는 '이 사람은 나를 있는 그대로 받아들이는구나'라는 신뢰를 느끼게 된다. 자신의 감정을 드러낸다고 관계가 깨지는 게 아니라, 드러낼 수 없는 상태가 관계를 약하게 한다. 감정을 말해서 깨지는 관계라면 애초에 감정을 숨겨야만 유지되던 관계였는지도 모른다. 신뢰는 진심이 오갈 때 만들어질 수 있기 때문이다.

💬 내 감정을 말할 수 있어야 한다

내가 화났다는 것을 상대에게 표현하는 연습이 필요하다. 상대에게 불편함을 표현한다고 해서 관계가 깨지는 것이 아니다. 오히려 감정을 억누를수록, 그 감정은 뒤늦게 더 크게 터지게 된다. "나는 그 말이 조금 서운했어." 이 한마디를 말할 수 있을 때, 내 감정은 사라지지 않고 머물 수 있다. 그래야 나도 그 관계 안에서 존재할 수 있다. 진짜 친밀감은 감정을 숨기지 않아도 괜찮은 사이다. 서로를 받아들이는 관계는 오래도록 나를 지치지 않게 하고 관계를 깊게 만든다. 그래야 서로를 신뢰할 수 있다.

| Tip | **좋은 관계를 위해 '나'에게 던져보는 질문**

❶ 이 관계 안에서 나는 내 감정을 말할 수 있는가?
감정을 말할 수 없는 관계는 나를 숨기게 만듭니다.

❷ 내가 "불편하다"는 말을 했을 때, 상대는 어떻게 반응하는가?
관계의 질은 갈등의 순간에 드러납니다.

❸ 상대 감정에만 늘 내가 책임지는 패턴이 반복되고 있지는 않은가?
감정은 각자의 몫입니다. 내 탓만 하게 되는 관계는 건강하지 않아요.

❹ 이 관계에서 나는 얼마나 자주 나 자신을 검열하는가?
자주 참는 사람은 결국 멀어지기 마련이지요.

❺ 내가 이 관계를 유지하려고 너무 많이 애쓰고 있지는 않은가?
계속 나만 맞추고 있다면, 그것은 관계가 아니라 버티는 것입니다.

❻ 이 사람과 함께 있을 때, 나는 나다울 수 있는가?
진짜 좋은 관계는 '편하게 연기할 수 있는 사이'가 아니라 '연기하지 않아도 괜찮은 사이'랍니다.

참고 기다리면
내 마음을 알아줄 줄 알았는데

사람들이 지나고 나서 크게 후회하는 것이 있다. 왜 그렇게 오랫동안 불필요한 불안 속에서 자신을 괴롭혔는지 모르겠다는 것이다. 타인의 눈치를 보며 애쓰다 이용당한 기억도 있는데, 자기도 모르게 비위를 맞추는 자신을 발견했을 때 씁쓸함을 느낀다. 가까운 가족이나 친구, 직장 동료는 물론 처음 만난 사람에게도 마치 '기분을 맞춰야 한다'는 강박이 있듯 행동하기도 한다. 자기도 모르게 상대방 눈치를 보면서 비위를 맞추고, 상대방이 연장자일 경우 무슨 비서처럼 나서서 애를 쓰기도 한다. "이번엔 그러지 말아야지" 다짐하면서도, 비슷한 상황이 오면 똑같은 행동을 반복한다.

💬 참으면 알까?

주변 사람들 기분을 거스르지 않으려고 전전긍긍하는 사람이 있다. 일종의 거부 불안이다. 거부당해 상처입고 싶지 않다는 무의식적 욕구가 무조건적인 순응으로 나타나는 것이다. 자신 안에 이런 심리가 있다는 사실을 받아들이는 자세가 필요하다. 그 과정에서 비로소 자신이 얼마나 무의미하게 감정을 낭비하고 살았는지 알 수 있다. 참는 이들의 대인 관계 패턴을 살펴보면 대체로 순응성이 지나치게 높다. 다른 사람에게 거절당하거나 이용당하거나 순종적인 정도가 지나칠 뿐 아니라 독립성을 유지하는 일에도 어려움을 겪는다. 이런 경우의 대부분은 상대방을 기쁘게 해 자신을 받아들이게 하려는 무의식적 욕구가 너무 크다.

심리학자 제럴딘 다우니(Geraldine Downey)는 이를 "거절 민감성(Rejection Sensitivity)"이라는 개념으로 설명했다. 이러한 순응의 밑바탕에는 '거부 불안'이라는 심리 구조가 숨어 있다는 것. 거부 불안은 자신이 타인에게 거절당할 가능성에 지나칠 정도로 민감하게 반응하는 경향을 말한다. 이 개념에 따르면, 사람은 과거 관계에서 상처받거나 수치심을 느꼈던 경험이 있으면 관계 안에서 '거절당하지 않기 위해' 과도하게 맞추거나 자신을 억누르는 태도를 보인다고 한다. 즉, 누군가 나를 싫어할까봐, 서운해할까봐, 불편해할까봐 계속 참는 쪽을 선택하는 것이다. 문제는 그 '참음'이 결국 나를 사라지게 하고, 상대와의 진짜 친밀감을 오히려 방해한다는 것이다.

부정적 피드백을 제공하지 않거나 아무 말 하지 않고 입을 닫는 것을 착한 것으로, 혹은 예의가 바른 태도로 착각한다. 부당한 대우를 지적하지 않는 것이 능사가 아니다. 예의를 갖추면서도 얼마든지 자기 주관으로 건설적인 피드백을 내놓을 수 있다. 이를 정중한 솔직함이라고 부를 수 있다. 정중한 솔직함은 상대에게 상처 주지 않으면서도 나를 지키는 표현 방식이다. 감정을 말한다고 해서 반드시 거칠거나 불편할 것이라고 생각하는 것은 편견이다. 오히려 조심스럽고 진심 어린 말이라면 상대는 나의 마음을 더욱 깊이 이해할 수 있다.

◆ 정중한 솔직함의 표현 예시

"그 말이 조금 서운했어."
"이럴 땐 이런 기분이 들어."
"그렇게 말하니까 내가 괜히 작아지는 느낌이 들었어."
"사실은 그 순간 조금 당황했어,
어떻게 받아들여야 할지 모르겠더라고."

감정을 가볍게 이렇게 건네는 것만으로도 관계는 충분히 달라질 수 있다. 중요한 건 감정을 표현하는 연습을 멈추지 않는 것이다. 그 시작이 '말하지 않아도 알아주길 바라는 관계'에서 '말해도 괜찮은 관계'로 가는 첫걸음이다.

💬 멈추라고 하지 않으면 계속된다

'나는 뒤끝은 없어'라는 말로 포장된 배려 없는 솔직함을 너무 많이 봤다. '돌려서 말할 줄 모르니 대놓고 말하겠다'라는 허락받지 않은 무례함을 참았다. '너는 다 좋은데 이게 문제야'라는 부탁하지 않은 지적질을 인내했다. '나랑 너 사이에' 혹은 '우리끼리는 알잖아' 같은 말로 일방적인 이해가 강요됐다. 그런 말을 들을 때면 끙끙거리며 속앓이만 할 뿐이다. 나만 참으면 많은 것이 해결될 줄 알았지만 참아도 해결되는 것은 하나도 없다. 주변이 변하는 것도 아니었고, 내 마음이 편해지는 것도 아니다. 참을수록 사람들은 "네가 이해해, 네가 마음이 넓잖아", "어쩌겠어, 저 사람은 원래 그렇잖아"라며 더 많은 인내를 요구해온다. 참는 것 외에는 방법이 없다고 여기지만, 이제는 다르게 반응할 수 있어야 한다.

　상대 주장이 마음에 들지 않을 때 '내 의견을 고집하면 상처받지 않을까?', '혹시 뒤에서 내 험담을 하지 않을까?'와 같은 걱정은 이제 내려놓아야 한다. 이 생각 때문에 "당신 마음대로 하세요"라고 말해버리면 결국에는 나도 만족스럽지 않고, 상대는 "당신도 괜찮다고 했잖아요"라고 책임을 돌린다. 그제야 "마음이 상할까봐 그냥 포기한 거예요"라고 말해봤자 이미 늦다. 그래서 이제는 생각을 바꿔야 한다. 내 마음의 주인이 되어야 한다. 더는 남의 기분에 맞춰 내 감정을 감추지 않아야 한다. 좋은 관계는 말하지 않아도 되는 관계가 아니라, 말해도 괜찮은 관계다. 내 감정은 숨기거나 양보해야 할 것이 아니다. 존중받아야 한다. 내 감정을 표현하는 것은 이기적인 행동이 아니다. 오히려 관계를 지키는 용기 있는 행동이다.

　감정을 표현하는 방법은 처음엔 작게 시작해도 괜찮다. 거창할 필요 없다. '나는 그 말이 좀 서운했어', '조금 당황했어, 내가 어떻게 받아들여야 할지 모르겠더라고'처럼 부드럽고 솔직한 감정 문장이면 된다. 이것으로도 충분하다. 중요한 건 상대방을 탓하기보다 '내 기분'에 집중해서 말하는 방식이다. '왜 그렇게 말해?'보다 '그렇게 말하니까 내가 조금 마음이 복잡해졌어'라고 표현하면 훨씬 덜 날카롭고, 더 진심으로 다가간다. 익숙하지 않은 표현이라 어색하더라도, 그 어색함을 견디면 성장할 수 있다.

상대와의 작은 경계를 세우는 말 한마디가 나를 지킬 수 있다. 관계에서 내 자리를 지키기 위한 말은 싸움을 위한 말이 아니라 '서로를 지키기 위한 언어'다. 예를 들어, "지금은 조금 혼자 있고 싶어요"라든지 "이건 제가 결정하고 싶은 일이에요." 같은 말은 나를 보호한다. 그러면서도 충분히 예의를 담을 수 있다. 반복적으로 선을 넘는 사람에게는 "그 이야기는 듣기 불편해요"라고 말할 수 있어야 한다. 용기가 필요하다. 그래야 상대가 더 선명하게 나를 이해할 수 있다.

◆ **감정을 실제로 표현할 수 있는 예시의 말**

"그 얘기 들으니까 기운이 좀 빠진다."
"나도 내 입장을 한 번쯤 말하고 싶어."
"지금은 그냥 혼자 생각할 시간이 필요해."
"그건 내 기준에서는 조금 무례하게 느껴져."
"이건 힘들 거 같아. 미안해. 거절할게."

이러한 구체적인 실천을 통해 내가 나로 설 수 있다.

💬 이제, 당신답게 사세요

인간관계에서 생각을 당당하게 주장하는 것은 중요하다. 그것은 결코 상대 의사를 무시하는 일이 아니다. 사람은 말로 이야기하지 않으면 본심을 알 수 없다. 진짜 나의 마음을 당당하게 말하되, 예의를 갖춰 전하는 것이 건강한 표현이다. 일종의 '건강한 까칠함'이라고도 부를 수 있다. 예의라고 하는 정중한 태도는 단순히 격식 차원의 것이 아니다. 서로 존중받고 소중하게 여겨진다는 소속감을 만들어준다. 정중함은 의사소통을 더 원활하게 만들고, 관계에 신뢰를 더해준다. 예의 바르고 따뜻한 존중이 있는 관계는 결국 더 깊은 행복과 건강으로 이어진다. 이제는 참는 사람이 아니라 제대로 말할 줄 아는 사람으로 살아갈 때다.

여기에는 두 가지 전제 조건이 있다. **첫째, 내 감정이, 존중받을 가치가 있다는 믿음이다.** 감정은 있는 그대로 느끼는 것만으로도 충분히 의미가 있다. '이 정도는 참아야지'라는 생각에 익숙해져 있다면 감정을 표현하는 순간마다 죄책감이 밀려올 수 있다. 나의 불편함, 나의 서운함은 자연스러운 정당한 감정이다. 내 감정을 소중히 여겨야 비로소 그것을 타인에게도 정중하고 정확하게 전할 수 있다. 나를 힘들게 하는 내 안의 심리적 문제들을 이해하고 이와 같은 노력을 꾸준히 해나갈 때 세상과 진정한 소통을 이룰 수 있다.

둘째, 상대 역시 존중받아야 한다는 태도다. 내 감정을 표현한다고 해서 그것이 상대를 깎아내리는 방식이 되어서는 안 된다. '정중한 솔직함'이란 내 감정을 숨기지 않되, 상대 입장을 배려하며 표현하는 방식이다. 예의는 내 감정의 가치를 떨어뜨리지 않고, 오히려 그것을 더 힘 있게 만든다. 말하되, 따뜻하게 말하는 것. 그것이 의사소통에서의 성숙한 태도이자 진심이 닿는 말의 기술이다. 그렇게 전해진 말은 방어가 아니라 공감으로 돌아오고, 거리는 멀어지기보다 가까워진다. 결국 인간관계를 지키는 힘은 솔직함보다 '따뜻한 솔직함'에 있다.

이러한 노력이 중요한 이유는 인간이라면 누구에게나 좋은 사람들과 친밀한 관계를 맺고 싶은 본성이 있기 때문이다. 이 소망이 좌절되었을 때는 심한 좌절감과 비참함을 느끼게 된다. 감정을 표현하는 것은 나를 더 잘 이해하고, 상대에게 나를 더 잘 알릴 수 있는 길이다. 감정을 숨기며 맞추는 관계는 겉보기에 평화로워도, 결국 나를 잃게 만든다. 반대로, 나를 존중하고 표현하는 관계는 시간이 갈수록 더 깊어지고 단단해진다. 나답게 살 수 있도록 지지해주는 관계가 좋은 인간관계다. 이런 사람은 리더로 성장할 가능성이 크다. 더 유능한 인물로 성장해 갈 수 있다.

💬 건강한 인간관계를 위하여

건강한 인간관계는 언제나 상호적 흐름을 가진다. 내가 누군가를 외면하면 그 마음은 상대에게 고스란히 전달된다. 결국 그 사람도 나를 외면하게 된다. 호감을 가지던 사람도, 관심을 보이던 사람도, 내가 방어적으로 행동하는 모습에 결국 떠나버릴 수 있다. 반대로 나 자신을 존중하고 감정을 솔직하게 표현하는 사람은 오히려 더 깊은 관계를 만들어낸다. 건강한 인간관계는 마음을 숨기는 기술이 아니라 내 마음을 따뜻하게 보여주는 기술에서 시작된다. 나다움을 지키면서 정중하고 단단하게 의사 표현을 하는 것이 곧 나답게 살아가는 가장 지혜로운 방법이다.

| Tip | **내 안의 감정 말하기 연습**

❶ 하루에 한 번, 내 기분을 말로 표현해보기
"나는 어떤 기분이지?", "왜 이런 기분이 들었지?" 조용히 스스로에게 질문을 던져보세요. 내 감정을 이해하는 데 도움이 됩니다.

❷ '내 기분'에 초점 맞춰 말하기
"왜 그렇게 했어?"보다 "그렇게 말하니까 나 좀 서운했어"처럼 비난보다 감정 중심으로 표현해보세요. 상대방도 거부감 없이 더 열린 마음으로 들을 수 있습니다.

❸ 예의를 담되 솔직하게 말하는 연습
"저 사람에게는 내 입장을 말해도 괜찮아"라는 신호는 상대에 대한 정중한 말투에서 시작돼요. 부드럽지만 단호하게, 진심을 전달하는 연습을 해보세요.

❹ '거절'도 연습하기
"미안하지만 어렵겠어요", "이번엔 함께하지 못할 것 같아요." 거절은 관계를 끊는 말이 아니라, 지키는 말이 될 수 있습니다.

❺ 실수해도 괜찮아요
처음엔 서툴 수 있어요. 하지만 괜찮아요. 감정 표현은 능력이 아니라 태도입니다. 중요한 건 '멈추지 않는 연습'입니다.

기브 앤 테이크는 바라지도 않아

공항 입국장에서 수행원에게 캐리어를 밀어 보낸 '노 룩 패스(no look pass)' 영상은 한동안 화제가 되었었다. 당시 국회의원 수행원이 고개 숙여 인사했지만, 그 의원은 눈길 한 번 주지 않았다. 수행원을 향해 가방만 굴려 보냈다. 수많은 카메라가 지켜보던 장면이다. 자신의 이미지 관리 차원에서도 '연기조차 할 필요를 못 느꼈을까?'라는 생각이 들었다. 아마도 그에게는 그것이 당연한 일이었기 때문인 듯, 실제 해명에서도 "그게 왜 문제인가?"라고 했다. 쓸데없는 일로 호들갑을 떠는 것쯤으로 생각한 듯했다. 하지만 황급히 가방을 잡아내던 수행원 모습에서 우리는 익히 경험해온, 낯설지 않은 불쾌함을 느낄 수 있었다.

💬 무례함은 어떻게 시작될까?

주변을 둘러보면 누군가는 주기만 하고, 어떤 이는 늘 받는 것이 당연하게 되어 있는 관계를 볼 때가 있다. 건강한 인간관계란 기본적으로 '기브 앤 테이크' 상호작용 속에서 만들어진다. 그럼에도 이러한 관계가 생기는 이유는 상호 존중의 '기본'

이 무시되었기 때문이다. 상대의 존재와 감정이 충분히 고려되지 않는 무성의한 태도다. 그 결과 관계를 한쪽 통행으로만 만들고 타인을 '도구'처럼 만들어버린다. 고의로 상처를 주려는 의도가 있든 없든 관계없이 상대가 존중받지 못했다고 느끼는 말과 행동을 '무례함'이라고 할 수 있다.

매번 수업 때마다 지각하는 학생이 있었다. 처음엔 말 못할 사정이 있나 싶어, 그 아이가 안쓰러웠다. 그래서 정규 수업이 끝난 후, 따로 불러서 다시 한번 수업을 해주곤 했었다. 하지만 지각은 좀처럼 나아지지 않았고, 어느 날 나는 조심스럽게 아이에게 물었다. 그러자 이렇게 말했다. "선생님은 늦어도 어차피 늘 따로 또 봐주시잖아요." 그 순간 내 배려가 당연한 것이 되어버렸다는 생각에 자괴감이 먼저 들었다. 무례함은 꼭 큰소리나 노골적인 모욕으로만 오는 게 아니었다. 타인의 수고를 습관적으로 소비할 때 조용히 누군가의 존중을 지워버리고 있다는 걸 그때 알았다.

심리학자 크리스틴 포러스(Kristin Porath)의 연구에 따르면, 무례함은 전염될 수 있다고 한다. 집중력, 창의력, 심지어 도덕성까지 낮출 수 있다고 했다. 작은 무례함이라도 반복되면 사람들의 자존감이 손상되고 자기방어에 에너지를 쓰게 되면서 관계 전체가 소진된다고 한다. 인간관계에서 상호 존중에 대한 기대가 반복적으로 무너질 때, 사람들은 점차 무례함을 체념하며 받아들이고, 결국 그것이 일상화되어버린다고 한다. 무례함은 소리 없이 스며들어 누군가의 마음을 닳게 만든다. 그 작고 둔한 무시가 쌓여, 결국 관계를 떠나게 한다.

김찬호 교수의 저서 《모멸감》에서는 한국인이 가장 많이 하는 행동으로 다른 사람을 모멸하는 것을 뽑았다. 위계를 만들어 누군가를 무시함으로써 자신의 존재감을 확인한다는 것이다. 인간이 가장 깊이 상처받는 감정 중 하나가 '모멸감'이다. 모멸은 단순한 '무시' 차원이 아니다. 그 존재 자체를 하찮게 여김으로써, 존중받지 못하는 느낌을 갖게 하는 것이 모멸감의 본질이다. 식당 직원에게 함부로 반말한다거나, 큰소리로 불만을 이야기하는 등 갑질 손님의 경우가 그렇다. 이러한 모멸감은 단순한 기분 나쁨을 넘어 '나는 여기서 존중받는 사람인가?'라는 존재의 근본적인 질문으로 이어진다. 무례함은 단지 예절 문제가 아니다. 우리의 자존과 존엄을 위협하는 행위이기도 하다. 서로를 존중하지 않는 순간, 관계는 무너진다.

💬 무례함은 왜 반복될까?

영국의 대표적인 일간지 〈인디펜던트(The Independent)〉는 한국어의 '갑질(gapjil)'과 '개저씨(gaejeossi)'라는 표현을 소개하며, 한국 사회 전반에 퍼져 있는 무례함과 권위주의적 태도를 문제 삼았다. 특히 '갑질'은 상사가 부하직원에게, 또는 고객이 서비스 노동자에게 일방적으로 권력을 행사하는 고질적인 구조적 문제라고 지적했다. 이것은 단순히 한 개인의 오만함에서 끝나는 일이 아니다. 당한 그 피해자는 또 다른 약자에게 같은 방식의 무례함을 전가하는 등 무례함은 사슬처럼 다른 사람에게로 이어진다.

심리학자 존 돌라드(John Dollard)의 '좌절-공격 이론(Frustration-Aggression Theory)'에 따르면, 분노는 자신보다 덜 위협적인 대상에게 전이(displacement)되는 경향이 있다. 예를 들면 상사에게 꾸중을 듣고는 화를 억누른 채 귀가해서 가족에게 짜증을 내는 행동이 그렇다. 받은 스트레스는 아래로 흘러가고, 존중받지 못한 사람은 또 다른 사람을 존중하지 않는 악순환이 반복된다. 이러한 문화는 사회 전반에 '예의 없는 말투'와 '무례함에 익숙해진 태도'를 확산한다. 결국 갑질은 조직뿐 아니라 사회 전체의 건강한 관계를 위협한다.

2012년 현대카드는 전화 상담 직원에게 다음과 같은 지침을 내렸다. "성희롱이나 폭언을 하는 고객에게 두 차례 경고한 후, 그치지 않으면 상담원이 먼저 전화를 끊어라." 2016년부터는 폭언과 성희롱 외에 인격 모독이나 위협성 발언을 하는 고객의 전화도 끊을 수 있게 했다. 이 '엔딩 폴리시'를 시행한 결과, 상담원 이직률이 크게 낮아졌다. 이 지침은 폭언하는 고객들에게도 영향을 줬다. 상담을 중단하겠다는 경고만 해도 당황하며 태도를 바꾸는 사람이 많다고 한다. 모두에게 친절한 것이 능사가 아니란 것을 한 기업에서 증명한 것이다. 이 지침은 단순한 업무 매뉴얼을 넘어 '존중받을 권리'를 지키는 선언이라고 할 수 있다.

무례한 사람도 처음부터 그런 사람이었을까? 사람은 자신의 역할에 따라 적절한 옷을 입는다. 문제는 어떤 이들은 '갑의 옷'을 벗는 법을 잊어버린다는 것이다. 이들은 회사에선 대표, 집에선 부모, 친구 사이에서도 끊임없이 우위에 서려 한다. 나이가 들고 지위가 오를수록 행동을 제지하는 사람이 줄어들기 때문이다. '자신이 옳다'는 착각이 용기처럼 자라난다. 그렇게 무례함은 걷잡을 수 없이 부풀어, 마치 모든 사람이 자신의 발아래 있는 것처럼 보인다. 그 무례함 속에서 사람들은 자신도 모르게 패배감을 축적한다. 그런데 무례는 늘 자신보다 약한 사람에게 터져나온다. 서로의 무례함을 '조용히 허락하지 않는 문화'를 만들어야 하는 이유다. 더 이상 반복되지 않도록 해야 한다. 갑질의 대물림은 이제 멈춰야 한다.

💬 '당위'라는 감옥에 갇힌 사람들

자신은 언제나 옳고 특별한 존재라고 믿으며 스스로 정당화하는 사람들이 있다. 이런 자기중심적인 사람일수록 인간관계에 깊이 고민하지 않는다. 정작 고통을 느끼는 사람은 그들을 자주 봐야 하는 주변 사람이다. 정신분석가 카렌 호나이(Karen Horney)는 이 상태를 '자기 우월감(self glorification)'이라고 말했다. 자기만 옳다고 믿는 사람들은 이상적인 자기 이미지(Self-Image)를 만들어내고, 완벽하고 도덕적인 이상적 자아상에 집착한다. 이는 결국 타인을 깎아내리는 태도로 이어진다. 타인들과의 관계에서 끊임없이 갈등이 생겨날 수밖에 없다.

주변의 이런 사람들 때문에 힘들어하면서도 아무 말도 못 하는 사람들의 공통된 특징이 있다. '나는 반드시 ~해야만 한다'라는 당위적 사고에 갇혀 있는 것이다. '나는 착한 사람이어야 해', '나는 참고 견뎌야 해'와 같은 사고는 자기감정과 경계를 지운다. 무례한 상황 앞에서 자신을 무력하게 만들고 그것을 미덕인 양 여긴다. 하지만 자신의 감정을 억압함으로써 스스로 지치게 된다. 서로에게 좋은 관계로 오래 지속되기 어렵다.

내 친구 중 한 명은 명절만 다가오면 마음이 무거워진다고 하소연한다. 시댁에 가면 누구보다 일찍 일어나 전을 부치고 손님상을 차리는데, 시어머니는 그때마다 내 친구에게 "요즘 애들은 그래도, 네가 참 잘하는 편이지"라고 이야기하신다고 했다. 몸이 좀 힘들어도 어머니의 그 기대를 저버리고 싶지 않은 마음에 무리해서 견뎌낸다고 했다. "며느리는 이런 자리에서 참는 게 미덕이지. 괜히 가족들 불편하게 하지 말자"라는 당위적 생각에 아무 말도 하지 않는단다. 하지만 명절이 반복될수록 점점 마음은 닫혀간다고 했다. 시댁에 다녀온 날이면 머리가 아프고 우울한 기분에 밤에 혼자 눈물이 난다고 한다. 이제 명절이 다가올 때마다 머리부터가 지끈거리게 아프다고 했다.

앨버트 엘리스(Albert Ellis)의 인지치료 이론에서는 '당위 사고'를 심리적 불편의 근원으로 보았다. 사람이 느끼는 불안, 분노, 죄책감은 사건 그 자체보다 당사자가 갖고 있는 그 사건에 대한 '비합리적인 믿음'에서 비롯된다고 한다. 상황에 대한 유연한 대응을 어렵게 만들고 지나치게 자신을 억누르게 된다. 이 믿음은 무례함 앞에 침묵하게 만들어서 결국 자기 존중감과 관계의 질을 모두 떨어트린다. 이제 질문을 바꾸자. '나는 정말 이걸 참아야만 할까?'라고. 내가 나의 편이 되어줄 수 있어야 타인과의 관계에서도 더욱 건강하게 설 수 있다.

◆ **무례함에 대한 당위적 사고의 예**

"나는 무례한 말을 들어도 참고 넘어가야 해."
"고객은 항상 옳으니까, 불쾌해도 웃으며 응대해야지."
"나는 착한 사람이니까 싫은 소리 하면 안 돼."
"괜히 분위기 흐리기 싫으니까, 그냥 넘어가야지."
"말해봤자 달라질 것도 없잖아.
차라리 내가 참는 게 낫지."

이러한 억눌림은 누군가를 원망하고 자신을 스스로 벌주느라, 생산적인 에너지를 낭비하게 된다. 결과적으로는 관계 회복을 더 어렵게 만든다. 호된 시집살이를 한 며느리가 호된 시집살이를 시킨다는 말이 있듯, 이 분노는 타인에게 높은 공격성과 분노로 나타나기 때문이다.

💬 유연한 생각의 힘

마음의 각도를 1인치만 틀어보는 사소한 시도는 전혀 다른 감정과 반응을 만들어낸다. 세상을 보는 시선을 아주 약간만 바꾸어도 감정의 무게가 가벼워진다. 상대와의 관계를 바라보는 관점이 달라질 수 있다. 예를 들어, "나는 무조건 참아야 해"

는 "이건 충분히 말해도 되는 감정이야"로 생각하고, "이 정도는 그냥 넘겨야지"는 "이건 내가 괜찮지 않다면, 괜찮지 않은 거야"로 생각하는 것이다. 당위의 틀에 갇혀 감정을 눌러왔던 나를 이제는 풀어줘야 할 때다. 유연함은 포기가 아니라 오히려 나를 더 단단하게 지키는 부드러운 힘이다. 나에게 한 번 더 물어보자. "지금, 나는 정말 괜찮은가?" 이 질문 앞에 솔직해질 수 있을 때, 우리는 비로소 자신을 위한 삶을 살아갈 수 있다. 당당하고 따뜻한 유연함이 관계의 질을 높인다.

| Tip | **사고의 유연성을 기르는 작은 훈련**

❶ '꼭 그래야 해?'라는 질문 던지기
자신에게 당위적 사고가 올라올 때 이렇게 물어보세요. "정말 꼭 그렇게 해야 해?", "그렇게 하지 않으면 정말 큰일이 날까?" 이 질문 하나만으로도 강박처럼 자리 잡은 생각에 숨통을 틔울 수 있어요.

❷ 감정 일기 쓰기 : '나의 감정에 제목 붙이기'
감정이 복잡할 땐 그 감정에 이름을 붙여보세요. 예를 들어, '오늘의 나'는 억울+지친+혼란스러움의 조합! 감정을 객관적으로 들여다보는 이 연습은 사고를 유연하게 해줍니다.

❸ '이 사람이라면 어떻게 생각할까?' 상상해보기
자신과 생각이 다른 친구나 존경하는 인물이라면 같은 상황에서 어떻게 받아들일지 상상해보세요. 다양한 시각을 떠올리는 것만으로도 고정된 틀에서 벗어나는 데 도움이 됩니다.

❹ '완벽한 선택' 대신 '충분히 괜찮은 선택'으로 바꾸기
모든 상황에서 최고의 선택을 하려는 대신, "지금 상황에서 내가 할 수 있는 충분히 괜찮은 선택은 뭐지?"라고 질문을 바꿔보세요. 이건 실패를 줄이는 방법이 아니라 자신을 덜 몰아붙이는 방식이에요.

❺ 하루에 한 번, "그럴 수도 있겠다" 말해보기

누군가의 말이나 행동이 이해되지 않을 때, 속으로 '그럴 수도 있겠다'라고 말해보세요. 이 말은 상대방을 무조건 이해하겠다는 뜻이 아니라, 내 마음속 경직된 반응에 작은 틈을 만들어주는 훈련이에요.

너는 그래? 나는 안 그래!

　우리는 누구나 자기중심적이다. 내가 원하는 순간 내가 원하는 만큼의 욕구를 그 누구도 알아서 정확히 채워줄 수가 없다. 불가능한 일이다. 인간은 본래 타인의 욕구보다 자신의 욕구를 더 우선시한다. 자신을 타인보다 더 중요하게 여기기 때문이다. 그런데도 "이 정도는 네가 넘길 수도 있잖아"와 같은 말들 앞에서는 자신도 모르게 움츠러든다. '남들도 다 참는다'라는 생각 때문에 내 감정을 부정해버릴 때가 많다. 하지만 내 감정은 결코 부끄러운 것이 아니다. 모두의 감정이 같을 필요가 없다.

💬 네가 예민한 거 아니야?

　아이들은 자신이 보는 세상이 전부라고 믿는다. 아직 자기와 타자가 분리되지 않았기 때문이다. 타인의 처지를 잘 상상할 수 없다. 눈앞에 보이는 모습이 그 사람의 전부라고 생각한다. 그래서 어른 시선에서는 당황스럽게 느껴지는, 소위 '패드립'이라 불리는 말들도 서슴없이 내뱉는다. 수업 시간에 간혹 "선생님, 엄마 아빠 있어요?"라고 묻기도 하고, "선생님은 누구랑 같이 살아요?"라며 해맑게 물을 때가 있다. 술래잡기 때는 자신이 안 보이면 남도 자기를 못 본다고 믿기에 눈만 가리고 멀뚱히 서 있기도 한다.

    이런 행동이 어른이 되어서도 계속된다면 곤란하다. 상대에게 지금 일어난 일임에도 불구하고 자기 기준에 맞지 않는다는 이유로 허무맹랑한 이야기 취급을 해버리는 사람들이 있다. 누군가의 현실 앞에서 "설마 그럴 리가 있겠어?", "네가 예민한 거 아니야?"와 같은 말로 무시해버린다. 자신이 모르는 일은 없는 일처럼 여기는 태도는 미성숙함에서 나온다. 상상력이 없으면 타인을 쉽게 판단하고, 윽박지른다. 세상은 수많은 입장과 이해관계로 얽혀 있고, 각자 느끼는 감정과 반응은 모두 다르다. 상상력은 단지 감정만이 아니라 타인을 향한 존중이자 애정이라고 볼 수 있다.

    남자아이 둘을 키웠어도 나는 여성이기 때문에 남성으로 살아가는 일의 고충을 온전히 알지 못한다. 회식 자리에서 간혹 군대 이야기가 나오면 그냥 듣기만 한다. "힘들었겠다"라고 말할 뿐이다. '군대에 가보지 않은 내가 무슨 말을 할 수 있을까?'라는 생각이 들어서다. 직접 겪어보지 않고, 직접 보지 않고 함부로 상황을 판단하는 것은 존중하지 않는 태도라는 생각이 들어서다. 상대 입장을 헤아리는 '역지사지'란 자신의 한계를 잘 아는 것에서 출발한다.

◆ 상대 마음을 헤아리는 역지사지

❶ 모르기 때문에, 안다고 가정하지 않는 것
❷ 모르기 때문에, 비난하거나 무시하지 않는 것
❸ 모르기 때문에, 더 들어보고 싶다고 말하는 것

역지사지 예를 들면 다음과 같다.

"그런 일이 있었구나, 힘들었겠다."
➡ 판단보다 공감. 상대 감정을 인정
"내가 그 입장이었어도 정말 속상했을 것 같아."
➡ 이해의 폭을 넓히는 말
"나는 잘 몰라서, 네 얘기를 더 듣고 싶어."
➡ 단정하지 않는 태도
"너는 그렇게 느꼈구나."
➡ 다른 감정을 부정하지 않고, '차이'를 인정하는 말
"내 기준으로는 별일 아니지만, 너에겐 중요한 일이구나."
➡ 상대 세계를 존중

이것이 역지사지이며 상상력이다. 서로를 더 이해하며 대화

할 수 있는 시작점이다.

💬 기대는 왜 실망을 부를까?

심리학자 앨버트 엘리스(Albert Ellis)는 인간이 겪는 정서적 고통의 원인을 '사건 자체'가 아니라 그 사건에 대해 우리가 갖고 있는 비합리적인 믿음(Irrational Beliefs)에서 찾았다. 예를 들어, "그 사람은 날 배려해줘야 해", "그가 내 마음을 알아야 마땅해"와 같은 기대는 언뜻 보면 '당연해 보이지만', 현실에선 자주 충족되지 않는다. 오히려 반복적인 실망과 분노를 만들어낸다. 엘리스는 이런 사고방식을 우리가 행복하지 못한 핵심적인 이유로 꼽았다. 상대에 대한 기대를 줄이는 건 체념이 아니다. 마음의 평온을 위한 현실적인 선택이라고 할 수 있다.

세상에서 유일하게 내 마음대로 바꿀 수 있는 것은 내 태도와 선택뿐이다. 철학자 세네카는 "지혜란 우리가 마음먹은 대로 현실을 자유롭게 바꿀 수 있는 상황과, 변화시킬 수 없는 현실과, 받아들여야 할 상황을 구분하는 것이다"라고 했다. 이 지혜를 인간관계에도 적용할 수 있어야 한다. 상처를 주고도 아무렇지 않게 웃고 떠드는 사람을 볼 때마다 분노와 무력감에 휩싸인다. 무능하게 당하기만 했다는 자기 비하 감정이 고개를

든다. 자신이 한심하고 바보처럼 느껴진다. 하지만 그러한 자책은 나를 괴롭게 만들 뿐이다. '왜 나만 상처받아야 하는가?'라는 피해의식에서 벗어나려면 나의 감정 흐름을 인식하고 정리하는 지혜가 필요하다.

괴로움 없이 살아가는 사람은 없다. 가끔 '왜 나만 이런 일을 겪을까?'라는 생각이 들면 더 힘들다. 이는 스스로 더 깊이 괴로움을 끌어당기는 것이다. 이럴 땐 '이건 누구에게나 일어날 수 있는 일이야'라고 생각한다. 그렇게만 해도 화가 덜 나고, 마음도 편안해진다. 작은 갈등 하나로 관계 전체를 부정하거나, 과도한 분노와 피해의식에 빠지는 건 결국 나에게 해가 된다. 감정에 휘둘릴수록 소중한 내 에너지는 소진된다. 나의 창의성과 활력도 떨어진다. 이런 하루가 쌓이면 삶 전체가 무기력하고 피폐해질 수 있다. 생기 있는 삶을 원한다면, 나와 타인에 대한 지나친 기대를 내려놓아야 한다. 기대가 적으면 실망도 적다.

'왜 나만 더 많이 상처받을까?'라고 느끼는 감정 이면에는 상대에 대한 높은 기대치가 숨어 있다. "나와 친한 사람인데, 적어도 나한테 이 정도는 해줘야지"라는 마음이 상처를 만든다. 직장에서는 물론이고 가정에서조차도 이 기대가 충족되는 일은 거의 없다. 상대는 내가 아니다. 알아서 내 욕구나 감정을, 내 마음속 기대치를 알아채고 그것을 먼저 채워주는 일은 처음부터 기대해서는 안 된다. 날 조금만 배려하고 이해한다면 이 정도는 '당연한 것 아니야?'라는 반론이 있을 수 있다. 실제로 그렇게 해주는 착한 사람들도 있다. 하지만 그것은 감사한 '선물'이지 그들이 내게 해줘야 하는 '당연한 의무'가 아니다.

◆ 상대에 대한 기대 때문에 실망하는 예

"그 사람이라면 당연히 내 마음을 알아줄 줄 알았어."
"내가 이만큼 했으니,
최소한 고맙다는 말은 해야 하는 거 아닌가?"
"우린 가까운 사이잖아. 나한테 이럴 순 없어."
"원래 다정하고 배려 깊은 사람이잖아.
근데 왜 이번엔 그렇게 차갑게 굴지?"
"내가 힘들다고 했으면,
먼저 연락이라도 해줘야 하는 거 아니야?"

이 말들의 공통점은 '상대가 내 마음을 읽어야 한다'라는 기대다. 여기에서 실망이 비롯된다.

💬 말하지 않으면 모른다

　표현하지 않은 감정은 전달되지 않는다. 상대방은 초능력자가 아니다. 침묵은 때로는 배려처럼 보이기도 하지만 계속되면 오해를 부른다. 나의 감정을 상대에게 말하는 것은 관계를 위한 기본적인 도구라 할 수 있다. 특히 감정이 복잡할수록 차분히 말로 정리할 필요가 있다. "그 말이 조금 서운했어", "그 상황에서 나는 좀 외롭다고 느꼈어"처럼 내 감정을 주어로 시작하는 방식이 좋다. 상대를 탓하지 않으면서도 나를 솔직하게 드러내는 표현이다. 처음에는 어색하다. 괜히 말을 꺼냈다가 후회할 것 같기도 하다. 하지만 감정을 품고 있기만 하면 오히려 그것이 나를 더 괴롭게 만든다.

　효과적 커뮤니케이션 방법으로 심리학자 토머스 고든(Thomas Gordon)이 제안한 '나 전달법(I-message)'이 있다. 내 감정을 '나'를 주어로 시작해 말하는 방식이다. 상대를 탓하지 않으면서도 나를 솔직하게 드러낼 수 있는 표현이다. 갈등 상황에서도 관계를 해치지 않으면서 자신의 감정을 효과적으로 표현할 수 있다. 감정을 표현할 때 "너는 왜 맨날 그래?"처럼 '너'를 주어로 말하면, 상대는 쉽게 방어적으로 반응하게 된다. 대신 "나는 지금 좀 서운해"처럼 '나'를 주어로 말하면, 비난이 아니라 감정 공유로 받아들여진다. 이렇게 자신의 감정을 말할 수 있어야 나도 이해받을 수 있다.

◆ **나 전달법(I-message) 예시**

"너 진짜 너무해."
➡ "(나는) 네 말이 조금 상처였어."
"너 도대체 왜 안 했어?"
➡ "(나는) 많이 기다렸어."
"넌 항상 자기 생각만 해."
➡ "(나는) 내 입장도 좀 이해받고 싶어."
"그게 말이야, 막걸리야?"
➡ "(나는) 그 말이 당황스럽고 불편해."
"또 너 때문이잖아."
➡ "(나는) 이런 상황이 반복되니까 지치는 느낌이야."

이 방식은 갈등을 부드럽게 풀고, 감정적 연결을 회복하는 데 큰 힘이 된다. 말의 주어만 바꿨을 뿐인데, 대화의 온도가 달라진다.

'나'를 주어로 표현하는 연습은 상대와의 관계뿐 아니라 내 감정을 인식하고 정리하는 데도 도움이 된다. 막연하게 머물러

있던 감정이 구체적인 언어로 정리되면 스스로 자신의 감정 상태를 바라볼 수 있다. 이 과정은 감정에 휩쓸리지 않고 감정의 원인을 차분히 들여다보게 한다. 이로써 자신을 더 잘 이해하게 되면, 감정에 끌려다니기보다 감정의 주인이 된다. 행동을 선택해서 반응할 수 있다. 자기감정에 책임지는 태도이자 성숙을 위한 훈련이 '나' 전달법이다.

💬 감정을 말하는 것, 결국 나 자신을 지키는 일

내 마음을 알아주기 위해서라도 내 감정을 말할 필요가 있다. 관계 속에서 내가 내 마음을 잘 이해하고 다독이는 과정이다. 이것은 타인에게 인정받기 위해서가 아니다. 감정을 표현하는 건 곧 나 자신을 존중하는 방식이라고 할 수 있다. 있는 그대로의 내 감정을 받아들이고 말로 표현하면 나는 더 이상 피해자나 수동적인 존재가 아니다. 나를 지키는 언어를 가질 때 관계 속에서도 주체적인 나로 설 수 있다. 그렇게 조금씩 '나답게 말할 수 있는 사람'이 된다면 더 건강한 인간관계와 더 단단한 나를 만들어갈 수 있다. 이것이 성숙한 인간관계의 시작이라 할 수 있다.

| Tip | **내 감정과 관계를 지키는 연습**

❶ 감정을 정리하는 루틴 만들기 (1일 1감정 체크)
오늘 하루 느낀 감정 중 가장 강했던 것을 떠올려보고, 짧은 말로 적어보세요.
예: "회의 중 무시당하는 느낌이 들어 속상했음."
감정은 명확히 말할수록 약해지고, 명확히 표현할수록 이해받기 쉬워집니다.

❷ 대화 전 마음 정돈 문장 써보기
감정을 이야기하기 전, 이렇게 써보세요.
예: "나는 지금 왜 이 말을 하려는 걸까?", "이 말은 내 감정을 나누는 걸까, 상대를 탓하는 걸까?"
쓰기만 해도 말이 훨씬 정돈됩니다.

❸ 감정 표현 3단계 말하기 연습 (상황-감정-요청)
예: "그 상황에서(상황), 나는 좀 외롭다고 느꼈어(감정). 다음엔 네가 먼저 한 번만 말 걸어줘(요청)."
갈등 상황에서도 공격 없이 솔직하게 말하는 프레임을 만들어줍니다.

❹ '나 전달법' 템플릿 만들기
나만의 자주 쓰는 말 패턴을 미리 정리해두세요. 예: "나는 ___ 할 때, ___ 하게 느껴져." 또는 "그 말은 ___ 해서 나는 ___ 해."

익숙해지면, 감정 표현이 덜 불편해집니다.

❺ '기대 리스트' 대신 '가능성 열기'
예: "그 사람은 이럴 거야." → "그럴 수도 있고 아닐 수도 있어."
'기대'를 '가능성'으로 바꾸면 관계가 유연해집니다.

PART

무례한 사람들의 흔한 특징

왜 네 멋대로 내 마음을 판단해?

KBS 예능 프로그램 '언니들의 슬램덩크'에서 방송인 김숙 씨가 "어~ 상처 주네?"라는 말로 웃음을 자아낸 적이 있다. 생리휴가에 얽힌 일화였다. 회사에서 생리휴가를 신청하자 옆자리 남자 직원이 "아~ 생리하는구나?"라고 큰소리로 말했다. 그때 바로 김숙 씨는 단호하게 웃으며 "어~ 상처 주네?"라고 유쾌하게 넘겼다. 겉으로는 유머로 보이지만 그 말에는 분명한 메시지가 담겨 있다. 유머이자 경고다. 직접적으로 "기분 나쁘다", "그 말 너무했어"라고 말하진 않았지만 "지금 그 말 엄청 실례야"라는 신호를 강력히 표현한 것이다. 악의 없는 말도 누군가에겐 충분히 상처가 될 수 있음을 보여주는 대표적인 장면이다.

💬 어, 상처 주네?

매년 미국에서는 '미국인의 예의 인식 조사(Civility in America)'라는 전국 단위의 여론조사가 발표된다. 글로벌 PR회사 웨버 샌드윅(Weber Shandwick)과 파월 테이트(Powell Tate), 여론조사기관 KRC 리서치가 공동으로 실시하는데, 미국 사회 내 예의(civility) 수준에 대한 대중의 인식, 경험, 태도 등을 종합적으로 다룬다. 2010년부터 시작된 이 조사는 미국 사회의 예의와 존중에 대한 대중 인식을 분석하는 중요한 자료로 사용되고 있다. 그런데 2016년 조사에서는 95%에 이르는 응답자가 미국 사람들 예의에 문제가 있다고 지적했고, 70%는 무례함이 위험한 수준에 도달했다고 판단했다.

이 결과는 '무례함'이 특정 상황이나 사람에게만 해당되는 것이 아니라, 사회 전체에 만연해 있다는 점을 여실히 보여준다. 공공장소에서의 큰소리 통화, 차례를 지키지 않는 행동, 운전 중 욕설이나 경적 남용 등이다. 온라인상에서는 무례한 댓글과 비난이 언급되었다. 직장 내 상사나 동료의 무심한 언행도 반복적인 문제로 지적되었다. 흥미로운 점은 응답자 다수가 "나 역시 무례한 행동을 해본 적이 있다"고 고백했다는 것이다. 이 조사는 무례함은 어느 누군가 한 사람의 문제가 아니라 자기도 모르게 범할 수 있는 '일상화된 무심함'이라는 점을 보여주었다.

무례하다고 느끼는 정도는 사람마다 다르다. 문화, 세대, 조직 특성에 따라서도 크게 달라진다. 무례함은 단순한 '행동'에 초점이 맞춰진 것이 아니다. 그 행동으로 인해서 상대에게 어떤 감정을 일으켰는가로 판단된다. 예를 들면, 일본에서는 지하철 출입구 양쪽에 줄을 서고, 모든 승객이 다 내린 후에 탑승하는 것이 예의로 통한다. 반면 중국에서는 다 함께 출입구로 몰려들어도 그것을 무례하다고 생각하지 않는다. 무례함의 기준은 '행위자'가 아니라 '경험자'다. 무례함은 누가 어떤 의도로 했느냐보다, 그것을 당한 사람이 어떻게 느꼈는지가 더 중요하다는 뜻이다. 상대가 상처를 받았다면 그건 이미 무례한 말과 행동이 된다.

많은 무례함은 의도적 악의라기보다 '다름을 인식하지 못한 무지'에서 비롯된다. '내가 불쾌하지 않으니까 상대도 불쾌하지 않을 것'이라 생각하고, '내가 겪지 않았으니 별일 아닐 거야'라는 식의 반응이 무례함의 시작이 된다. 감정의 기준은 사람마다 다르고, 문화나 세대에 따라 예의의 기준도 다르다. 내가 웃자고 한 말이라도 상대가 울었다면 반드시 돌아봐야 한다. 결국 예의란, '나의 기준'을 강요하는 것이 아니라 '상대의 감정'을 존중하는 감각에서 시작된다.

💬 무례함의 악영향

무례한 말을 듣고 하루 종일 기분이 안 좋았던 경험은 누구에게나 있을 것이다. 일시적인 불쾌감에 그치지 않고 그 불쾌함이 자꾸 떠올려지며 감정 에너지가 점점 소모된다. 여러 조사 결과에서도 무례함은 개인은 물론 조직 전체에도 부정적인 영향을 미친다고 했다. 조직 내에서도 무례함은 스트레스를 유발하여 업무의 질과 생산성에도 직접적인 타격을 준다고 한다. 분위기와 인간관계까지 흐트러뜨릴 수 있다. 무례함은 단순한 예의 문제가 아니라, 인간의 심리와 삶 전반을 흔드는 강력한 감정 자극이다.

미국 심리학회는 직장 내 스트레스로 인한 경제적 손실이 연간 5,000억 달러(약 542조 원)에 이른다고 밝혔다. 사고의 60~80%가 스트레스와 관련되어 있으며 병원 검진의 80%도 스트레스와 연관이 있다. 미국 국립 산업안전보건연구원(NIOSH) 역시 스트레스를 받은 근로자가 의료비를 46% 더 쓰는 것으로 분석했다. 스트레스의 주요 원인 중 절반은 직장 내 인간관계에서 비롯된다고 한다. 결국 무례함은 생산성을 떨어뜨리고, 조직의 활력을 감소시키는 '숨은 비용'인 셈이다. 무례함은 '건강, 감정, 사고'의 세 가지 측면에서 악영향을 준다.

먼저 무례함은 '건강'을 빼앗는다. 텔아비브대학교 아리 시롬(Arie Shirom) 교수팀은 금융, 제조, 보건 등의 다양한 산업에 종사하는 성인 820명을 20년간 추적조사한 결과, '직장 내 인간관계'가 근무 시간이나 업무 강도보다 '생존'에 훨씬 더 밀접한 영향을 준다는 사실을 밝혔다. 동료와의 관계가 좋지 않은 사람은 그렇지 않은 사람보다 사망 확률이 2.4배 더 높았다. 관계의 스트레스는 단순한 스트레스를 넘어 실제 건강과 생존 가능성까지 위협하는 독이 되는 것이다.

또한 무례함은 '시간'을 빼앗는다. 글로벌 금융기업 어카운템스(Accountemps) 조사에 따르면, 포춘(Fortune)의 1000대 기업 관리자들은 직원 사이 갈등을 해결하고 수습하는 데 근무 시간의 약 13%를 사용하는 것으로 나타났다. 새로운 전략을 구상하거나 고객을 만나는 등 핵심적인 업무에 쓰이는 것이 아니었다. 무례함의 문제가 심각해져서 외부 컨설턴트나 변호사를 개입시켜야 할 경우에는 더 큰 시간과 비용이 소모된다. 무례함은 단지 조직 분위기를 흐리는 불쾌한 일이 아니라 핵심 생산성과 역량을 갉아먹는 '보이지 않는 손실'이기도 하다.

그리고 무례함은 '창의성'을 빼앗는다. 플로리다대학교 아미르 에레즈(Amir Erez) 교수와 연구진은 다양한 실험을 설계했다. 참가자들에게 무례한 상황을 경험하게 한 뒤, 성과(철자 바꾸기), 창의성(물건 활용 아이디어), 배려심(도움 행동) 등을 측정했다. 실험 결과, 무례한 상황을 경험한 참가자들은 철자 과제와 브레인스토밍 모두에서 대조군보다 30~60% 낮은 성과를 보였다.

무례한 장면을 보기만 한 참가자들도 성과와 창의력이 눈에 띄게 저하되었다. 이는 무례함이 인지능력과 창의성을 심각하게 훼손할 수 있음을 보여준 실험이다.

나는 유튜브 채널을 운영하면서 영상 기획과 대본을 직접 맡고 있다. 그런데 아이디어 회의가 있는 날, 누군가의 말 한마디로 기분이 상하면 머릿속이 멍해지고 아이디어가 잘 떠오르지 않는다. 반대로 기분이 좋은 날은 영상 기획도 술술 풀리고 활기차다. 회의가 끝난 후의 기분까지 다르다. 이건 나만의 문제가 아니었다. 편집 피디님 역시 그날 기분에 따라 편집의 질감이나 내용의 풍부함이 달라진다고 했다. 그래서 영상이 올라가는 날이면 피디님 기분이 좋아질 수 있도록 좋아하는 간식을 준비해두곤 한다. 기분 하나가 창의성을 바꾸는 걸 매번 체감한다.

💬 무례함의 사회적 비용

애리조나 주립대학교 경영대학원의 크리스틴 피어슨(Christine Pearson)과 크리스틴 포라스(Christine Porath) 교수의 연구는 무례함의 손해를 더 구체적으로 보여준다. 그들은 17개 산업 분야에서 관리자와 직원을 포함한 800명을 대상으로 '직장 내 무례함'이 어떤 영향을 미치는지 조사했다. 그 결과, 응답자 가운데 절반에 가까운 인원이 의도적으로 업무시간을 줄이거나, 일의 질을 낮췄다고 답했다. 무례함이 조직의 생산성과 신뢰를 흔드는 심각한 요소라는 것을 알 수 있다.

◆ **무례함을 당하는 쪽에 해당하는 노동자들 반응**

48%	노동력 투입량을 고의로 줄였다.
47%	노동력에 투여하는 시간을 고의로 단축시켰다.
38%	성과 품질을 고의로 저하시켰다.
80%	사건을 걱정하느라 노동 시간을 허비했다.
63%	가해자를 회피하느라 노동 시간을 허비했다.
66%	실적이 하락했다.
78%	조직에 대한 헌신성이 저하됐다.
12%	무례한 언행을 겪다 못해 사직했다.
25%	고객을 상대로 화풀이했다.

무례함은 의료 현장에서도 심각한 결과를 낳는다. 의사·간호사 4,500명을 대상으로 한 조사에서 71%는 무례한 언행과

의료 실수 간의 연관성을, 27%는 환자의 사망과의 연관성을 경험했다고 응답했다. 또 다른 연구에서는 병원장 99%가 무례함이 환자 치료에 악영향을 미친다고 답했다. 이스라엘의 신생아 중환자실 의료진을 대상으로 한 실험에서는, 모욕적 언행을 들은 집단이 의료 판단과 처치 능력 모두에서 성과가 저조했다. 무례함에 노출되면 심리적 안정감을 잃고 피드백 수용, 문제 해결, 협업 능력까지 떨어진다. 한 번의 무례한 경험만으로도 정보 공유 의향은 절반, 타인에 대한 도움 제공 가능성은 3분의 1로 줄어든다는 실험 결과도 있다. 결국 무례함은 개인의 역량뿐 아니라 조직 전체의 협업과 성과를 갉아먹는다.

《무례함의 비용(The Cost of Bad Behavior)》이라는 책에서 크리스틴 피어슨과 크리스틴 포라스는 직장 내 무례함이 개인뿐 아니라 조직에 어떤 영향을 미치는가를 다양한 통계를 통해 입증한다. 이에 따르면, 미국 직장인 가운데 4분의 1이 일주일에 한 번 이상 무례한 행동을 겪고 있으며, 응답자의 95%는 무례함을 경험한 적이 있다고 한다. 무례함 때문에 퇴사한 사람이 12%에 달했다. 의료기관에서는 무례함으로 인해 연간 약 7,100만 달러의 손실이 발생했다고 한다. 무례함이 단순한 예절 문제가 아니라 생산성과 조직 문화를 파괴하는 심각한 원인임을 알 수 있다.

💬 무례함은 모두에게서 무언가를 빼앗는다

　무례한 언행에 시달리고 그로 인한 불쾌감에 사로잡혀 집중이 잘 되지 않는 경험은 누구나 한 번쯤 겪어보았을 것이다. 지금 무례한 상황을 겪고 있다면, 결코 가볍게 넘겨선 안 된다. 사소해 보이는 무례한 말이나 행동 하나가 개인은 물론 전체에 심각한 영향을 줄 수 있기 때문이다. 무례함은 단지 개인적인 기분 문제가 아니다. 그것은 협업을 방해하고, 신뢰를 흔들며, 조직 생태계를 서서히 무너뜨릴 수 있다. 무례함이 계속 누적되면 결국 감당하기 힘든 방식으로 그 악영향이 터져나온다.

| Tip | **무례함을 줄이기 위한 실전 팁**

❶ 판단보다 질문하기
"왜 그렇게 했어?" 대신 "그땐 어떤 상황이었어?"처럼 묻는 방식은, 오해를 줄이고 대화의 온도를 낮춰줘요.

❷ 의도를 단정하지 않기
'무례하다'는 감정이 들었을 때, "혹시 내가 오해했을 수도 있지 않을까?"라고 한 번 더 생각해보세요. 반사적으로 반응하지 않는 연습이 중요해요.

❸ 다름을 '차이'로 받아들이기
나와 다른 표현 방식, 정서, 문화적 배경을 틀렸다고 단정하면 갈등이 시작됩니다. "그럴 수도 있겠다"는 말 한마디가 관계를 지켜요.

❹ '행동'을 중심으로 피드백하기
"넌 너무 무례해"보다는 "그 말은 내가 무시당한 느낌이었어"라고 구체적인 상황과 느낌을 말하는 게 훨씬 효과적이에요.

❺ 말할 수 있는 용기 키우기
무례함을 참기만 하면 오히려 분노로 쌓입니다. "그 말이 조금 불편했어", "그 상황에서 내가 외로웠어"라고 말하는 연습이 필요해요.

익숙함에 빠져 소중함을 잊는 사람

　가까운 사람에게 더 잘해야 한다는 것은 누구나 알고 있다. 하지만 현실에서 이를 잘 실천하는 사람은 드물다. 우리는 익숙한 관계일수록 더 함부로 대하고, 예의를 생략한다. "가족끼리 무슨 예절이야?", "친하니까 이 정도는 괜찮지?"와 같은 말 속에는 무심한 무례함이 숨어 있다. 사실 정중함은 낯선 사이보다 오히려 가까운 사이에서 더 필요한 배려다. '익숙함'은 소중함을 흐리게 만들고, 정중함이 사라진 관계에는 균열이 생긴다. 무례함은 먼 곳에서 오는 것이 아니라, 가장 가까운 사람의 말투와 태도에서부터 시작된다.

💬 정중함은 가까운 관계에서 더 빛난다

　엘리베이터를 타려는데 뒤에서 누군가가 다급하게 뛰어오길래 문을 잡아주었다. 그 순간, "와, 감사합니다. 진짜 감사합니다"라고 밝게 웃으며 인사를 건네는 모습을 보고 나도 모르게 미소가 지어졌다. 짧은 한마디였지만 오히려 내가 더 고마운 기분이 들었다. 그 경험 후 문득, '나는 정중한 사람일까?'란 질문을 하게 된다. 정중함(Civility)이란 상대방을 존중하는 마음을 바탕으로 말과 행동에 신중함과 배려를 담는 태도를 말한다. 구체적으로는 상대와 나의 다름을 인정하는 마음, 상대의 감정과 입장을 고려한 말투와 행동, 기본적인 예의와 선을 지키려는 자세가 포함된다. '의식적인 노력'을 담은 태도라 할 수 있다.

정중한 행동은 마음속 진심이 겉으로 드러나도록 표현하는 일이다. 직장에서의 정중함은 지극히 사소한 것에서 시작된다. 복도에서 마주친 동료에게 미소를 짓거나 인사를 건네는 것, 업무 지시 전에 "부탁해"라고 말하는 것, 상대방에게 '이래라. 저래라'가 아닌 '~해줄 수 있을까?'라고 말하는 것도 정중하게 대하는 행동이다. 일 마친 동료에게 "고생했어요"라고 전하는 것도 그렇다. 정중함에는 분위기를 부드럽게 하고, 관계를 따뜻하게 만드는 힘이 있다.

가정에서의 정중함은 더 중요하다. 가족이라는 이유로 쉽게 말하고 함부로 행동하는 경우가 많다. "가족끼리 무슨 고마워야?", "이 정도는 말 안 해도 알지?"라는 태도는 더 조심해야 할 무례다. 가정 안에서 정중함이 지켜질 때 서로에 대한 존중과 신뢰는 깊어진다. 아침에 눈을 마주치며 "잘 잤어?"라고 건네는 인사나 식사를 준비한 이에게 "맛있게 잘 먹었어"라고 말하는 한마디가 하루를 다르게 만든다. 가족은 말하지 않아도 아는 사이가 아니라, 말해줘야 더 잘 아는 사이다. 반대로, 정중함이 사라진 관계에서는 오해와 섭섭함이 쌓이기 쉽다.

◆ 정중한 행동 예

정중한 행동	구체적 예시
1. 눈 보고 인사하기	"안녕하세요" 한마디가 분위기를 바꾼다.
2. 상대 말을 끝까지 듣기	고개를 끄덕이며 반응하는 것도 정중함이다.
3. '수고하셨어요', '고마워요' 자주 말하기	친한 사이라도 감사 표현은 빼놓지 않는다.
4. 상대 입장에서 생각하고 말하기	"그 입장이라면 나도 속상했을 거 같아."
5. 작은 도움을 주는 배려	문을 잡아주거나 짐을 들어주는 행동

정중함은 그냥 나오는 태도가 아니다. 상대를 존중하려는 마음을 담아 '의도적으로 선택'하는 태도다. 작고 사소한 배려에서 시작된 정중함은 누군가의 마음을 밝게 해줄 수 있다. 그 순간 나도 또한 따뜻해진다. 정중함은 관계를 더 따뜻하고 건강하게 만든다.

💬 정중하면 얕잡아 보일까?

정중한 태도는 리더십과 사회적 평가에도 긍정적 영향을 미친다. 한 실험에서 참가자들은 '무례한 의사'와 '정중한 의사' 사례를 읽고, 두 사람의 사회적 지위를 평가했다. 그 결과, 같은 상황임에도 불구하고 정중한 의사는 무례한 의사보다 사회적 지위에서 36% 더 높은 평가를 받았고, 후속 실험에서도 78%나 더 높은 리더십 점수를 기록했다. 정중한 의사는 리더십, 유능함 등 모든 평가 항목에서 일관되게 높은 점수를 받았다. 우리가 흔히 생각하는 '정중한 사람은 얕잡아 보인다'라는 통념을 뒤엎는 결과다.

미국 토마스 제퍼슨 대학교 의과대학에서는 29명 의사를 대상으로 공감 능력을 측정했다. 이들이 치료한 891명 환자를 대상으로 조사했는데, 공감 점수가 높은 의사일수록 환자와의 상담 및 진단 능력이 뛰어났다. 환자와의 신뢰도가 높아져 치료 효과가 크게 향상되었다. 국내 연구 결과도 있다. 서울 소재 의대 3학년생 104명을 대상으로 한 연구에서도 공감 능력이 높을수록 환자와의 관계 형성 점수가 높게 나타났다. 2015년 대한의학교육학회지 제27권 제4호에 게재된 결과다. 이 연구는 의과대학생의 공감 능력이 환자와의 관계 형성에 긍정적인 영향을 미친다는 것을 보여주었다. 의학교육 현장에서도 공감 능력 향상이 중요함을 알 수 있는 연구다.

　의사의 공감 능력은 환자 만족도를 높이는 것을 넘어, 실제로 의료 과실 소송 가능성도 줄이는 것으로 나타났다. 미국 내 통계에 따르면, 환자들은 의사의 무례한 언행이나 소통 부재로 인한 감정적 불쾌감 때문에도 소송을 제기한다고 한다. 수시로 소송을 당하는 의사와 단 한 번도 소송을 당한 적 없는 의사를 비교했더니, 소송 경험이 없는 의사들은 환자와의 대화에 평균 3분을 더 할애했다. 두 집단 간 치료 정보의 양이나 질에는 차이가 없었다. 차이는 '태도'에 있었다. 공감적인 의사일수록 환자에게 더 많이 설명하고 농담으로 긴장을 풀어주는 것으로 나타났다. 환자는 '치료를 받았다'라는 것 이상으로 '존중받았다'라는 감정을 중요하게 여겼다. 의료 과실 소송은 단지 치료의 질 때문만은 아닌 것을 보여준다.

　한 기업체에서 수업했던 때의 일이다. 청소를 담당하시던 아주머니 한 분이 매일 아침 강의실에 들어오시면서 "선생님 안녕하세요. 즐거운 하루 되세요"라고 매번 따뜻하게 인사를 건네셨다. 그 정중한 인사가 내 마음을 다르게 만들었다. 어느 날은 내가 먼저 "늘 감사합니다"라고 용기를 내어 말했다. 그러자 아주머니는 "제가 해야 할 일인데도 이렇게 고맙다고 말해주시니까 힘이 나네요"라고 웃으셨다. 마음이 밝아지는 기분을 경험했다. '정중함'이 얼마나 큰 힘인지 깊이 알았다. 그래서 더 즐겁고 기운차게 수업했던 기억이 있다. 누구나 할 수 있는 작고 쉬운 행동이지만, 그 작은 정중함이 내 하루의 분위기를 바꾸고 웃게 한 것이다.

정중함은 꼭 중요한 자리에 있어야 발휘되는 태도가 아니다. 매일 반복되는 일상과 아무도 주목하지 않는 순간에도 정중함은 그 진가를 발휘한다. 출근길 엘리베이터 안, 커피를 주문하는 카페에서, 퇴근 후 집 안에서도 우리는 수많은 관계를 지나간다. 무례한 말 한마디가 오래도록 마음을 무겁게 만들듯 정중한 태도는 오래도록 따뜻한 여운을 남긴다. 정중함은 나를 낮추는 것이 아니라 그 존중은 나에게로 되돌아온다. 사소한 예의가 쌓이면 신뢰가 되고 관계가 된다. 작은 정중함이 일상을 지키는 가장 큰 힘이다. 오늘 나의 말과 태도는 누군가에게 어떤 기분을 남기고 있을까.

💬 정중함은 힘이 세다

정중함은 관계를 지킨다. 사람들은 협업 파트너를 고를 때 "이 사람이 그 일을 잘할까?"보다 "이 사람과 함께 일하면 즐

거울까?"를 더 중요한 기준으로 삼는다고 한다. 정중한 태도의 사람들은 관계에서 실질적인 이점을 만들어낸다. 네트워크를 통해 뜻밖의 정보와 기회를 얻는다. 반면에 무례하다고 여겨지는 사람들은 네트워크 진입 자체가 차단되어 좋은 기회를 놓친다. 정중한 만큼 더 많은 성장을 할 수 있는 이유다.

정중함은 기업의 생산성도 높인다. 코스트코의 설립자 짐 시네갈(Jim Sinegal)은 경영에서 고객과 직원을 가장 중요하게 여기는 CEO다. 직원들과 안부 인사를 나누기 위해 직접 매장을 순회한다고 한다. 코스트코의 평균 시급은 주요 경쟁사인 샘스클럽의 모기업 월마트보다 약 65%나 높다. 직원 복지에도 적극 투자하는 기업으로 평가받는다. 코스트코 직원은 샘스클럽 직원들에 비해 1인당 매출이 2배에 가깝고 근속연수도 길다. 이직률은 업계 평균보다 훨씬 낮다. 기업 가치도 2003년부터 2013년까지 월마트 주가는 50% 상승한 데 비해 코스트코는 200% 이상 상승했다.

이는 연구로도 입증되고 있다. 사람들은 다른 업무나 미팅으로 바쁜 사람에게 무턱대고 서류를 들이미는 식으로 무례하게 제안받을 때보다, 정중하게 제안을 받을 때 심리적 안정감이 35% 증가한다고 한다. 2021년에 인적자원개발 연구지에 실린 연구가 있다. 국내 기업에 근무하는 종업원 302명을 대상으로 설문조사를 했는데, 심리적 안전감이 창의적 성과에 미치는 영향을 실증적으로 분석했다. 분석 결과, 심리적 안전감은 창의적 성과에 직접적인 영향을 주었으며, 무형식 학습을 매개로 간접적인 영향도 확인되었다. 조직 영향력을 최대로 발휘하려면 무례함이 아닌 정중함을 선택해야 하는 이유다.

　함께 프로젝트를 진행하는 출판사 대표님이 있다. 일이 아무리 바빠도 항상 "지금 통화 괜찮으세요?", "질문 하나 드려도 될까요?"라며 말의 시작을 조심스럽게 여신다. 회의가 끝나면 늘 "좋은 의견 감사했어요"라고 정중하게 인사를 건네신다. 나의 작은 실수에도 "제가 더 잘 설명했어야 했어요"라고 말씀하신다. 나를 난처하게 만들지 않으셔서 덕분에 존중받는다고 느끼며 더 열심히 글을 쓰게 되었다. 어떤 업무든 함께하고 싶다는 마음이 자연스럽게 들었다. 정중함은 단순한 말투나 형식이 아니다. '나는 당신을 소중하게 생각합니다'라는 태도의 표현이다. 그 작은 말 한마디가 일하는 분위기를 바꾸고 사람을 다르게 만들고 나도 그런 사람이 되고 싶다는 생각이 들게 한다. 더욱 성의를 다해서 일을 진행한 기억이 있다.

💬 정중함은 지혜로운 선택이다

정중함은 단순히 착해 보이기 위한 태도가 아니다. 신뢰를 쌓고 관계를 지속시키는 전략이다. 사람들은 실력뿐 아니라 함께 일하고 싶은 태도를 가진 사람을 결국에는 선택하기 때문이다. 정중한 태도는 조직 안에서 더 많은 협력과 기회를 이끌어낼 수 있다. 무례함보다 훨씬 강력한 영향력을 갖는다. 초연결 사회에서 더욱더 중요해지는 이유다. 타인을 존중하는 태도는 나를 더 신뢰받게 만들고, 내가 더 멀리 나아갈 수 있는 기반이 된다. 정중함은 함께 성장하고 연결되는 지혜로운 선택이다.

| Tip | 정중함을 실천하는 5가지 팁

❶ '익숙한 사이'일수록 먼저 인사하고 감사 표현하기
가족, 친구, 동료 등 가까운 사람에게도 "고마워", "수고했어", "잘 지냈어?" 같은 말 한마디를 아끼지 마세요. 정중함은 거리보다 태도에서 출발해요.

❷ 말하기 전 한 번 더 생각하기 – "이 말이 상처가 될까?"
농담, 조언, 피드백이라도 상대 입장에서 들릴 수 있는 의미를 떠올려보세요. 정중함은 '단어 선택'에서 시작돼요.

❸ 상대 말을 끊지 않고 끝까지 들어주기
눈을 맞추고 고개를 끄덕이며 들어주는 자세는 가장 기본적이고 강력한 존중의 표현입니다. 듣는 태도만 바뀌어도 관계의 온도가 달라져요.

❹ 비판이 아닌 '느낌'을 중심으로 말하기
"넌 왜 그래?"보다 "그 말에 좀 상처받았어"라고 표현해보세요. 감정 중심의 말하기(I-message)는 무례함을 피하고, 정중한 대화를 만들어요.

❺ 실수한 사람을 비난하기보다 배려로 마무리하기
상대가 잘못했을 때 곧바로 몰아세우기보다는, "괜찮아, 다음엔 같이 조심하자"는 말 한마디를 하는 것이 신뢰를 쌓는 정중함입니다.

네가 알 것까지 없어

"요즘 왜 이렇게 말랐어?", "아직 결혼 안 했어?", "너 월급 얼마나 받아?", "애는 언제 낳을 거야?" 이런 질문을 들었을 때 기분 좋은 사람이 있을까? 묻는 사람은 대부분 "관심이니까"라고 말하지만, 듣는 사람은 매우 불쾌하다. 이처럼 사적인 경계를 넘는 질문을 아무렇지 않게 던지는 사람들을 우리는 흔히 '꼰대'라고 부른다. 자신의 경험이나 권위를 근거로 타인의 입장을 무시하고 일방적으로 가르치려 드는 사람에게 비판적으로 사용된다. 그들은 듣기보다는 가르치려 하고 공감보다는 명령을 앞세운다. 상대를 '지적받는 사람', '배워야 할 사람'으로만 규정하기 때문에 건강한 소통이 이뤄지기 어렵다.

💬 꼰대, 정말 이해할 수 없는 걸까?

시대마다 사회적 분위기가 있다. 그래서 늘 "요즘 애들은 이해가 안 돼", "그땐 그게 당연했어"라는 등의 말이 떠돈다. 시대를 살아온 배경과 경험이 다른 가치를 만들기 때문에 이러한 세대 차이가 생기는 것은 자연스러운 현상이다. 어떤 세대는

'힘들어도 끝까지 버텨'를 강조하고, 어떤 세대는 '지금을 즐겨'라며 '소확행'을 말한다. 그러니 서로 다른 세계관으로 살아온 사람들이 같은 공간에서 대화하려고 할 때 이러한 충돌은 피할 수가 없다. 세대 차이는 서로 공감이 되지 않는 '감정'으로 주로 느껴진다.

◆ 무례한 꼰대들의 '육하원칙'

1. WHO	내가 누군지 알아?
2. WHAT	뭘 안다고 그래?
3. WHERE	어디서 감히?
4. WHEN	내가 왕년엔 말이야.
5. HOW	어떻게 나한테 이래?
6. WHY	내가 그걸 왜 해?

    회사 내의 꼰대들은 후배들을 위한답시고 묻지도 않은 자신의 영웅담을 들려준다. 그러나 당시 사회 분위기를 알지 못하는 직원들은 그 이야기에 공감하기 힘들다. 다양한 지식과 경험을 후배와 공유하려는 의도는 좋으나, 공감을 얻기 어려운 말이나 한 사람의 일방적 대화는 상대를 멍들게 한다. 말하면서 듣는 사람의 표정과 행동을 유심히 살피면 이 대화에 관심이 있는지 없는지 알 수 있다. 듣고 있는 사람의 반응이 없다면 혼자 말하고 있을 가능성이 크다.

    사람에게는 인정욕구가 있다. 사람들이 자기를 '알아봐주지 않는다'고 느낄 때 과시를 통해 자기 존재를 어필하려고 한다. 그들은 "너는 알 것 없어"와 같은 언어폭력으로 상대를 제압하려고 한다. 이 말들은 정보를 감추기 위한 것이 아니라, 상대를 낮추기 위한 수단일 때가 많다. 그 뒤에는 우월감과 권위가 숨어 있다.

꼰대의 대표적 말투	속마음
"내가 누군지 알아?"	자기 존재를 인정받고 싶은 마음
"내가 왕년엔 말이야…."	과거 성취로 자신감을 유지하려는 마음
"넌 아직 멀었어", "그건 어려서 그래."	우위에 서고 싶은 욕망
"네가 알 필요는 없어."	상대를 통제하고 싶은 마음
"그건 내가 해봐서 아는데…."	경험의 권위로 상대를 제압하려는 마음

꼰대들의 전형적 말투

'꼰대'라고 불리는 사람들에게는 전형적인 말투가 있다. 말투에서 먼저 불쾌감이 느껴진다. 내뱉는 말에는 권위와 통제의 태도가 스며 있다. 상대 감정보다는 자신의 입장을 앞세우고, 듣기보다는 말하려 한다. 대화를 시작하자마자 분위기를 싸하게 만드는 묘한 힘이 있다. 그 말의 핵심은 "나는 맞고 너는 틀려"에 가깝다. 아래는 사람들이 불편함을 느끼는 꼰대 말투의 대표적인 예시들이다.

첫 번째로 "내가 해봐서 아는데"다. 자신의 경험을 앞세워 타인의 생각을 눌러버리려는 의도가 있는 말이다. 상대 이야기를 끝까지 듣지도 않고 결론부터 내린다. 상대는 마치 벽에 부딪힌 듯한 느낌을 받는다. 물론 경험은 귀한 자산이다. 하지만 그것은 나눠야 할 지혜이지 권위의 방패가 아니다. 같은 경험이라도 누구에게는 새로운 도전이고 누구에게는 이미 지나온 일이 될 수 있다. 시대와 상황이 달라지면 예전 방식이 오히려 지금에는 맞지 않을 수 있다.

두 번째로 "요즘 애들은 말이야"다. 세대 차이를 뚜렷하게 부각하는 말이다. 나이에 따라 상대를 깎아내리려고 하는 의도가 있다. 이 말은 개인 문제를 세대 전체의 특성으로 일반화한 것이다. 경험의 차이를 인정하기보다는 '내가 살아온 방식이 옳다'는 암묵적인 주장을 담고 있다. 모든 세대는 각자의 현실에 맞춰 살아가고 있다. 시대는 변하고 가치관도 달라진다. 꼰대들이 말하는 "요즘 애들"도 나름의 방식으로 자신의 문제를 해결해가며 새로운 길을 개척하고 있다. 단지 '다를 뿐'이다. 세대 간의 차이를 받아들이지 못하는 사고방식에서 나오는 말이다.

세 번째로 "라떼는 말이야"다. "나 때는 말이야"를 빠르게 말하다 보니 줄여서 "라떼는 말이야"가 됐다. 추억을 나누는 말 같아 보인다. 그러나 현재를 평가절하하고 과거를 절대화하려는 뉘앙스가 담겨 있다. 문제는 '라떼'가 단지 자기 자랑이나 무용담에서 끝나지 않는다는 점이다. 대부분은 "그때는 힘들어도 참고 했다", "우리는 그런 말도 못 꺼냈다." 같은 식으로 이어진다. 지금의 어려움을 비교당하는 기분이 든다. 그리운 과거는 추억으로 간직하고, 현재는 현재대로 존중할 필요가 있다. 과거의 고생이 진짜였듯이 지금의 고민도 가볍지 않다.

네 번째로 "그게 되겠어?"다. 겉보기엔 단순한 의문 같다. 하지만 그 이면에는 어차피 "안 돼"라는 뜻이 담겨 있다. 가능성을 따져보는 질문이라기보다, 도전을 미리 막아버리는 회의적인 말투다. 새로운 시도나 창의적인 아이디어를 이야기할 때 이 말 한마디에 분위기가 싸늘해진다. 아이디어를 꺼낸 사람의 의욕을 꺾는다. 결과에 대한 고민보다 '하지 마'부터 들이민다. 이 말이 반복되면 관계 속에서 새로운 의견은 사라진다. 다른 사람들 눈치만 남게 된다. 가능성을 묻는 척하면서 가능성을 빼앗는 말이다.

◆ '꼰대' 말투 예시

꼰대 말투	구체적 예시
"내가 해봐서 아는데."	그냥 내 말대로 해. 그때 우리는 다 그랬어.
"요즘 애들은 말이야."	요즘 애들은 인내심이 없어. 우리는 불평 한마디 안 했어.
"라떼는 말이야."	요즘은 엑셀이 알아서 다 해주잖아. 지금은 너무 편해졌어.
"그게 되겠어?"	그게 되겠어? 괜히 시간 낭비하지 말고 그냥 하던 대로 해.
"내가 누군지 알아?"	내가 누구인 줄 알고. 예전엔 다 내 말 듣고 했어.

이런 꼰대 말투는 관계를 닫아버린다.

꼰대 말투가 끼치는 나쁜 영향

말은 문을 여는 열쇠이기도 하지만, 문을 닫아버리는 자물쇠가 되기도 한다. 상대에게 조언하고 싶다면, 먼저 진심으로 궁금해하는 마음과 경청이 앞서야 한다. 정중한 사람은 조언보다 질문을, 판단보다 공감을 먼저 건넨다. 말을 많이 하는 사람이 아니라, 말을 가려 하는 사람이 결국 더 신뢰받는다. 진짜 영향력은 소리치는 말보다 상대 마음을 살피는 말에서 나온다. 진짜 성숙한 어른은 말의 무게를 아는 사람이다. 말투 하나가 관계의 온도를 바꾼다.

영국의 경영학자 메러디스 벨빈(Meredith Belbin)은 효과적인 팀 구성의 비결을 찾기 위해 실험을 진행했다. 다양한 성향의 사람들을 여러 팀으로 구성했는데, 그중 IQ가 높고 분석력이 뛰어난 인재들로 구성된 팀은 '아폴로팀'이라 불렸다. 각 팀은 문제 해결력과 협업이 필요한 과제를 수행했다. 그런데 기대와 달리 '아폴로팀'은 하위권에 머물렀는데, 각자의 의견만 주장하고 경청과 조율 없이 논쟁만 반복한 것이 이유였다. 이 현상을 일컬어 '아폴로 신드롬'이라고 한다. 똑똑함보다 협력과 존중이 더 중요한 요소임을 보여준 실험이다. 일방적인 말투는 팀워크를 무너뜨리고, 창의성을 가로막는다. '꼰대 말투'가 관계와 성과를 가로막는 이유가 여기에 있다.

'꼰대 말투'가 사람들에게 미치는 악영향이 있다. **첫째, 심리적 위축을 초래한다.** "그게 되겠어?"와 같은 말은 새로운 시도를 꺼내기도 전에 의욕을 꺾어버린다. 입을 열고 싶지 않게 만든다. 국가과학기술인력개발원 보고서에 따르면, 구성원 간 상호 신뢰와 연대가 약화되면 팀 성과가 하락하는 '아폴로 신드롬'이 실제 발생한다고 했다. 즉, 아무리 유능한 인재들이 모여 있어도 협력이 제대로 이루어지지 않으면 기대 이하의 성과를 내게 된다.

둘째, 신뢰를 무너뜨린다. "요즘 애들은 말이야." 같은 말은 상대를 대등한 존재로 보기보다 '가르쳐야 할 존재'로 규정짓는다. 이는 일방적인 훈계로 느껴져 상호 존중의 관계를 해친다. 《한국행정학보》(2019)에 실린 '조직 문화 유형이 개인 성과에 미치는 영향' 연구에 따르면, 위계적인 조직 문화는 커뮤니케이션을 저해해서 개인 성과와 조직 몰입도를 낮추는 주요 요인으로 작용한다고 했다. 반대로, 관계 중심의 조직 문화는 구성원 간의 신뢰를 높이고 직무 만족도와 협업을 촉진한다.

셋째, 관계의 거리감을 만든다. "내가 해봐서 아는데 그건 안 돼." 같은 말은 일방적인 결정 통보처럼 들리기 쉽다. 대화를 위한 말이 아니라 통보에 가깝다. 생각과 감정을 자유롭게 표현하지 못하게 된다. 결국 '이 사람과는 마음을 터놓고 이야기할 수 없다'라는 인식을 심어준다. 처음엔 작은 불편감으로 시작되지만, 장기적으로는 관계의 단절로 이어진다. 신뢰가 약해진 관계에서는 진심도 협력도 더 이상 기대하기 힘들다.

💬 듣고 싶은 말, 함께하고 싶은 사람

'꼰대 말투'는 단순한 언어 습관의 문제가 아니다. 그것은 상대를 대하는 태도이자 관계의 질을 결정짓는 요소다. 무례한 말은 듣는 사람을 불편하게 만들 뿐 아니라, 결국 자신에 대한 신뢰까지 무너뜨릴 수 있다. 특히 요즘처럼 다양성과 소통이 중요한 시대일수록, 말투 하나로 관계의 온도가 확 달라질 수 있다. 함께하고 싶은 사람으로 기억되는 말은 분명히 따로 있다. 말투는 노력으로 바꿀 수 있다. 정중하고 따뜻한 말은 더 큰 영향력을 만든다. 좋은 말투 하나가 신뢰를 만들고 마음을 연결한다.

| Tip | **꼰대 말투를 좋은 말투로 바꾸는 법**

❶ "내가 해봐서 아는데…."
→ "내 경험상 이런 경우도 있었어. 혹시 도움이 될까?"
→ 경험을 앞세우기보단, 조심스럽게 공유하는 자세로 바꿔보세요. 강요가 아닌 제안의 어조는 상대방 귀를 열게 만들어요.

❷ "요즘 애들은 말이야…."
→ "요즘 세대는 이렇게 생각하더라. 나도 배우고 있어."
→ 세대를 일반화하지 말고, 열린 마음으로 이해하려는 태도를 보여주세요. '다름'을 '배움의 기회'로 바꾸는 표현이 효과적이에요.

❸ "라떼는 말이야…."
→ "내가 예전에 겪었던 일이 있는데, 그 얘기 들어볼래?"
→ 무용담 대신, 추억을 나누는 방식으로 바꿔보세요. 허락을 구하고 이야기하면 강요가 아니라 공감의 대화가 돼요.

❹ "그게 되겠어?"
→ "새로운 시도네! 어떤 부분을 더 고민해보면 좋을까?"
→ 회의 대신 관심과 응원으로 바꿔보세요. 가능성을 무시하는 대신, 함께 고민하는 동료가 되어주는 태도가 중요해요.

❺ "말은 말이지…."
→ "나는 이렇게 생각했는데, 너는 어떻게 생각해?"
→ 일방적인 설명 대신 상호 대화형 표현을 사용하세요. 말의 끝을 여유롭게 열어두면, 상대 의견이 들어올 공간이 생긴답니다.

'다 널 위해서야',
조언이라지만 사실은 지적질

　자신의 기준과 규칙을 타인에게 강요하려 드는 사람이 있다. 트집쟁이, 고집불통, 꼰대, 벽창호… 등등이 그런 이들이다. 이런 스타일의 사람들은 주차 공간까지도 마음대로 정한다. '어디에 주차하면 좋을까?'를 고민하기보다 자기가 늘 세우던 주차 자리에 '누가 댔느냐'가 더 중요하다. 하나부터 열까지 본인 규칙으로 정해놓고 남에게 그걸 따르기를 기대한다. 다 널 위한 일이라고 하며 '조언'이라는 이름을 걸고 나의 경계선을 침범한다. 문제는 개입 기준이 '상대의 필요'가 아닌 '자신만의 생각'에 있다는 데 있다.

💬 저는 댁의 자녀가 아니에요

　우리에게는 물리적인 공간뿐 아니라 말투, 감정, 시간, 취향, 관계의 거리 등에도 각자의 '경계선'이 있다. 그 선은 타인의 허락 없이 함부로 넘나들 수 있는 것이 아니다. 하지만 간섭을 일삼는 사람들은 "내가 보기엔", "이렇게 하는 게 맞다고 생각해"

라며 감정적 경계를 침범한다. 의도는 선하다고 주장하지만 실제로는 '네가 틀렸고 내가 맞다'는 태도가 숨어 있다. 경계 없는 조언은 결국 간섭이 되고, 도를 넘은 충고는 결국 지적이 된다.

    이런 말들은 왜 듣기 싫은 것일까? 이유는 간단하다. 상대방 입장을 충분히 묻거나 이해하려는 과정이 없기 때문이다. 단지 '내가 옳다'는 확신을 전제로 해서 하는 말이기 때문이다. 조언이라는 말로 포장하지만, 듣는 사람은 지적과 통제로 받아들이게 된다. 상대의 필요와 상황은 고려하지 않고 상대의 '틀린 점'만을 먼저 찾으니, 그 상대는 일방적인 평가 대상이 된 기분이 든다. 상대를 위한다면 먼저 그 사람의 마음을 묻는 것이 순서다. 존중 없는 조언은 결국 간섭일 뿐이다. 좋은 말도 허락 없이 건네면 상처가 된다.

    지적과 조언은 엄연히 다르다. 지적은 '문제를 찾아내는 것'에 초점이 있는 반면, 조언은 상대가 더 나은 방향으로 나아갈 수 있도록 '돕는 것'에 목적이 있다. 지적은 네가 '틀렸음'을 강조하고, 조언은 '방법을 고민하자'의 태도를 보인다. 듣는 이의 마음에 남는 감정은 전혀 다르다. 지적은 자존감을 꺾고, 조언은 자신감을 키운다. 이 두 가지 차이는 말의 내용보다 '전달하는 태도'에 있다. 지적은 감정을 상하게 하고, 조언은 관계를 남긴다.

◆ 지적과 조언의 차이

상황	지적하는 말투	조언하는 말투
옷차림에 관해서	"왜 그걸 입었어?"	"네가 좋아하는 스타일이지? 중요한 자리에선 이런 톤이 좀 더 좋을 거 같아!"
약속에 늦었을 때	"너 왜 매번 늦냐?"	"다음엔 혹시 늦을 것 같으면 미리 연락을 줘. 기다리면 걱정되니까."
피드백을 줄 때	"너 준비 안 한 거 티나."	"목소리 톤이나 말의 속도를 조절하면 훨씬 더 전달력이 좋아질 것 같아!"
실수했을 때	"이런 것도 못해?"	"다음엔 이렇게 해보면 좋을 거 같아. 훨씬 수월하게 잘할 수 있을 거야."
외모에 관해서	"살 좀 빼야겠어."	"요즘 피곤해 보여, 잘 쉬고 잘 챙겨 먹고 있어?"

말하는 사람의 '도와주고 싶은 마음'이 보이면 조언, 상대를 '내 기준에 끼워 맞추려는 마음'이 보이면 지적이 된다. 같은 말이라도 중심이 '상대'인지 '나'인지에 따라 전혀 다른 메시지가 된다.

💬 진짜 내 생각하는 거 맞나?

내가 처음 유튜브를 시작한다고 했을 때, 부정적인 말부터 꺼내는 사람들이 있었다. 그들은 내가 왜 그걸 할 수 없는지를 아주 자세히 설명했다. 처음엔 나를 생각해주는 말처럼 들렸다. 그런데 문득 이런 의문이 들었다. '정말 나를 생각한다면, 왜 내 가능성을 먼저 믿어주지 않을까?', '널 위해서야'라고 말하지만, 정작 '진심으로 날 생각해준다'는 느낌은 전혀 들지 않았다. 이런 말 속에는 '걱정'이나 '배려'를 가장한 통제, 혹은 내 시도를 막고 싶은 불안과 자기방어가 숨어 있었다. 진짜 걱정은, 말보다 먼저 상대의 가능성을 지지해주는 것이다.

자신의 의견을 말하는 것은 나쁜 일이 아니다. 다만, 다음의 몇 가지 규칙을 지키는 것이 중요하다. **첫 번째, 상대가 '원할 때'만 조언한다.** 조언하기 가장 좋은 순간은 상대가 스스로 피드백을 구했을 때다. 그 사람이 더 나아질 수 있도록 돕고 싶다면, 상처가 아니라 개선의 힌트가 되도록 말해야 한다. 평가에서 멈추지 말고, 문제 해결로 이어져야 한다. 진심으로 도와주고 싶은 마음이 있다면, 먼저 상대의 준비 상태를 살펴야 한다.

두 번째, "제 생각일 뿐이에요"라는 태도를 보인다. 조언은 자칫하면 이야기를 나누는 과정에서 분위기를 순식간에 얼어 붙게 한다. 예기치 못한 다툼이 벌어질 수도 있다. 오해 없이 전달되려면 반드시 개인적 견해임을 밝히는 말투가 필요하다. 틀릴 수도 있다는 전제를 둔다.

> "내가 절대 미각은 아닌지라 정확한지 모르겠지만~."
> "내가 디자이너처럼 안목이 뛰어난 것은 아니지만~."
> "내가 전문가는 아니지만,
> 그냥 개인적인 인상으로는 조금 복잡하게 느껴졌어."

세 번째. '좋은 점'부터 먼저 말한다. 사람은 비판보다 먼저 자신이 인정받는다는 느낌이 들면 귀를 연다. 장점을 먼저 말하고, 아쉬운 점은 다음 순서로 말한다. 이 순서대로 하면 조언과 더불어 자신의 장점을 먼저 알아봐주었다는 사실만으로 고맙기까지 하다.

> "정말 맛있었어. 특히 후식은 최고였어.
> 살짝 이렇게 (　)면 더 좋을 것 같아."
> "새로운 스타일을 시도한 거 정말 멋지다.
> 개인적으로는 차분한 색깔도 잘 어울릴 것 같아."
> "전달하려는 메시지가 정확했어.
> 멋져. 말의 속도만 조금만 천천히 하면 더 좋을 거 같아."

네 번째, 구체적인 '개선 방안'을 제시한다. 비판만 하고 나아갈 방향을 제시하지 않으면 남는 것은 상처뿐이다. 듣는 사람은 "그래서 어쩌라고?"라는 마음이 들기 쉽다. 피드백은 대안을 동반해야 진짜 조언이 된다. 더 나아질 수 있도록 도와주는 마음의 표현이어야 한다.

> "3분 정도만 더 기다렸다가 먹으면
> 더 맛있지 않았을까 싶어."
> "제안 하나 해도 될까? 클래식한 검은색 셔츠가
> 오늘 분위기에 더 잘 어울릴 것 같아."
> "이번 발표 정말 인상 깊었어.
> 다음엔 슬라이드에 이미지 하나만 더 넣으면
> 좋을 거 같아."

진짜 조언은 상대가 '들을 수 있게 만들어주는 말'이다. '널 위해서'라는 말이 설득력 있으려면 상대 감정에 먼저 귀 기울여야 한다. 상대 입장을 묻고 기다리고 조율해야 한다. "내 생각이 좀 과했나?", "넌 어떻게 느껴?", "이렇게 말해도 괜찮을까?"와 같이 상대 감정을 살핀다. 일방적인 조언은 조언이 아니라 통제다. 선의라는 포장지를 씌운 간섭일 뿐이다. 이제는 누군가의 조언이 진짜 나를 위한 말인지 아니면 자기 기준을 강요하는 말인지 알아차릴 수 있어야 한다. 나 또한 누군가의 삶에 함부로 선을 넘고 있지는 않은지도 되돌아본다. 말의 의도보다 더 중요한 것은 말의 태도다.

💬 경계선을 침범하는 사람을 상대하는 법

상대의 기분이나 상황은 전혀 고려하지 않는 사람이 있다. 상대의 감정이나 선택은 무시한 채 '지적', '충고', '도움'이라는 이름으로 사적인 경계를 넘는다. 이런 말들을 반복해서 듣게 되면 나는 점점 "내가 잘못됐나?" 하는 생각에 빠지고, 자신감을 잃고 조심스러운 사람이 되어간다. 무례한 간섭에 익숙해지면, 알게 모르게 '상대가 정답인 것처럼' 반응하게 되고, 나의 판단은 점점 흐려진다. 하지만 진짜 배려는 타인의 인생에 허락 없이 들어가지 않는다. 의견을 말하는 것과 경계를 넘는 것은 다르다. 우리는 '괜찮은 충고'와 '불필요한 개입'을 구분할 줄 알아야 한다. 내 삶의 중심에는 내가 있다.

첫 번째, 거리를 둔다. 사람과 사람 사이엔 보이지 않는 선이 있다. 가령 누군가가 스스럼없이 물으면서 훈수까지 둔다면 어떨까? 걱정이라는 이름으로 행하는 삶에 대한 무례한 간섭이다. 의도하지 않았다고 하겠지만, 이럴 땐 정중하지만 단호하게 거리 두기를 해야 한다.

무례한 말	대응하는 말
아직 결혼 안 했어? 얼른 해야지!	제 인생은, 제 속도에 맞춰서 가고 있어요.
그 옷은 좀 튀지 않아?	제가 이 스타일을 좋아해서요. 관심 감사해요.
요즘 살 좀 찐 거 아니야?	건강하게 잘 지내고 있어요. 건강해요.
그 직장 계속 다닐 거야? 안정적이지 않지?	고민 끝에 내린 결정이에요. 응원해주세요.
아이는 언제 가질 거야? 벌써 나이도….	그건 저희 부부가 상의해서 결정하겠습니다.

두 번째, 적절한 어조로 항의한다. 무턱대고 훈계하는 이에게는 친절하면서도 단호하게 반응해야 한다. 다만 이때는 절대로 상대방을 자극해서는 안 된다. 큰 다툼으로 이어져 불필요한 곳에 에너지가 쓰일 수 있기 때문이다.

"지금 말씀하신 방식보다는
조금 더 존중하는 태도로 말씀해주시면 좋겠습니다."
"무슨 말씀이신지 이해되지 않아서 그러는데,

다시 한번 정확히 말씀해주시겠습니까?"
"차분하게 말씀해주실 수 있나요?
그러면 저도 이 문제에 대해 이야기를
나눌 용의가 있습니다."
"그 말씀이 사실이라 해도,
지금처럼 말씀하시는 건 불편하게 느껴집니다."
"도움을 주시려는 마음은 알겠지만,
저는 제 방식대로 해보고 싶습니다."

세 번째, 더 이상 설명하지 않는다. 과도한 설명은 때때로 '내 선택이 틀리지 않았다'는 일종의 변명처럼 들릴 수 있다. 나의 선택은 그 자체로 존중받을 권리가 있다. 더는 설명하지 않겠다는 태도는 상대방에게 '여기까지'라는 메시지를 분명하게 전달한다. 말은 줄이고 단호함을 남긴다. 때로는 설명보다 더 강력한 표현이 침묵이다.

"그건 제가 알아서 할게요. 제 방식대로 하고 싶어요." (침묵)
"그건 제 인생의 문제이니, 제가 책임지겠습니다." (침묵)
"그 부분은 설명하고 싶지 않아요." (침묵)

말에는 온도가 있다

'널 위해서야'라는 말은 따뜻해야 한다. 진짜 따뜻한 말은 상대를 중심에 두고 조심스럽게 다가서는 말이다. 누군가의 말이 내 경계를 함부로 넘는다고 느껴진다면 그 불편한 감정은 틀린 것이 아니다. 내 인생은 내가 결정할 권리가 있기 때문이다. 내 감정에는 내가 지켜야 할 책임이 있다. 무례한 개입과 지나친 간섭은 '좋은 의도'라는 포장으로도 정당화될 수 없다. 무례한 말에 불편함이 느껴지면 거리를 두고, 단호하게 거절한다. 무례한 말에 흔들리지 말고 나를 지키는 말로 단단히 선을 긋는다. 이러한 연습이 나를 지키는 가장 단단한 방법이 된다.

| Tip | **무례한 질문에 대응하는 법**

❶ 질문 의도를 되묻는다.
"그걸 왜 궁금해하세요?" → 상대가 던진 말이 당연하지 않다는 메시지를 부드럽게 전달해요.

❷ 웃으며 경계를 긋는다.
"그건 저만 아는 걸로 남겨둘게요~." → 유쾌하지만 확실하게 선을 긋는 방식이에요.

❸ 개인적인 선택임을 강조한다.
"저한테 맞는 방식이에요. 각자 스타일이 있잖아요." → 방어적이지 않으면서도 내 선택을 존중해달라는 메시지를 담아요.

❹ 정중하지만 단호하게 거절한다.
"그건 좀 개인적인 부분이라 말씀드리기 어려워요." → 예의 있는 거절은 오히려 더 큰 불쾌함을 줄일 수 있어요.

❺ 대화를 다른 화제로 전환한다.
"그 얘기는 나중에 하고, 요즘은 뭐 재미있는 일 없었어요?" → 굳이 정면으로 맞받아치지 않아도 대화 방향을 유도할 수 있어요.

어떻게 나한테 그럴 수 있어?

우리는 가까운 사람일수록 더 많은 것을 기대하게 된다. 그 기대는 곧 당연한 것으로 굳어진다. 하지만 그 기대가 어긋나는 순간, 감정은 실망에서 분노로 빠르게 변한다. "그 사람이라면 내 마음을 알아줄 줄 알았는데…"라는 말은 사실 있을 수 없는 일이다. 상대는 내 기대를 알지 못한다. 완벽하게 충족시킬 수도 없다. 기대는 말하지 않으면 오해로 남고, 표현되지 않으면 상처로 바뀐다. 기대 그 자체보다, 기대했던 내가 더 괴롭다. '어떻게 나한테 그럴 수가 있어?'라는 말에는 서운함과 함께 억울함도 섞여 있다. 그 마음을 풀어내지 않으면, 관계는 멀어진다. 기대는 감정을 낳고, 감정은 결국 관계를 만든다.

💬 기대는 왜 상처가 될까?

친한 동료에게 힘든 일을 털어놨던 적이 있다. 그날은 그저 "아, 그랬구나." 한마디만 듣고 싶었다. 그런데 돌아온 반응은 "그래서 어떻게 하겠다는 건데?"였다. 순간 나는 이상하게 더 외롭고, 혼자라는 느낌이 들었다. 나중에야 알게 됐다. 그 친구는 '문제를 해결해줘야 한다'라는 자기 기준으로 반응한 것이었고, 나는 '그저 내 감정을 알아주었으면' 하는 마음이었다. 나는 말하지 않은 기대를 내 기준으로 해석해 상처를 받았던 거다. 서로의 오해는 풀었지만, 그럼에도 당시 나는 마치 배신당한 것처럼 느꼈다. 상처의 원인은 결국 상대가 아니라 기대했던 나 자신에게 있었는데도.

상대에 대한 기대는 세 가지 감정으로 변한다. **첫 번째, 표현되지 않은 기대는 실망과 상처로 변한다.** 미국의 정신과 의사이자 심리학자인 아론 벡(Aaron Beck)은 현대 인지치료(Cognitive Therapy)의 창시자로, 그의 이론에서는 "사람은 왜곡된 사고 때문에 감정적 고통을 느낀다"라고 설명한다. 많은 사람들에겐 자신도 모르게 '암묵적 기대'가 있어서 "이 정도는 당연히 알아줄 거야"와 같은 형태로 그 기대가 나타난다고 한다. 이 기대를 상대가 알아채지 못하면 '상대가 내 마음을 알아야 해'라는 왜곡된 믿음이 생긴다. 이 사고의 오류는 기대가 실망으로, 실망이 분노로 이어지는 감정 흐름을 만든다.

두 번째, 과도한 기대는 상대에 대한 통제로 작용한다. 기대가 클수록, 상대 행동을 조종하려는 마음이 스며들게 된다. "내가 이만큼 했으니, 너도 이렇게 해줘야 해"라는 생각이 들기 쉽다. 이러한 태도는 상호 존중이 아닌, 일방적인 거래로 관계를 변질시킬 수 있다. 상대가 그 기대에 미치지 못하면, 감정은 '실망'을 넘어 '분노'로 발전하게 된다. 심리학에서는 이를 '심리적 통제(Psychological control)'라고 부른다. 이는 상대의 자율성을 침해하면서도 자신은 '배려하고 있다'고 착각하는 태도를 말한다. 상대는 '왜 이렇게 나를 옭아매지?'라는 감정을 느끼게 되고, 결국에는 감정 충돌과 거리감이 생기게 된다.

세 번째, 조율된 기대는 신뢰를 만든다. 기대가 모두 문제인 것은 아니다. 적절히 표현되고 조율된 기대는 관계를 성장시키는 중요한 자양분이 된다. 서로의 기대를 확인하고, 차이를 인정하며, 중간 지점을 함께 찾아가는 과정에서 진짜 '소통'이 생겨난다. 기대는 감정을 만들고, 감정은 행동을 이끈다. 따라서 기대를 조율하는 일은 곧 감정을 조율하는 일이기도 하다. "나는 이럴 때 이런 반응을 기대했어. 앞으로는 이렇게 해줬으면 해." 이렇게 말로 표현된 기대는 오해를 줄이고, 서로에 대한 믿음을 쌓아간다. 건강한 관계는 '말하지 않아도 아는 사이'가 아니라, '말해서 더 깊어지는 사이'다. 기대는 서로를 향한 진정한 신뢰로 바뀔 수 있다.

💬 기대는 어떻게 말해야 할까?

　우리는 누구나 기대를 품고 살아간다. 기대는 애정의 또 다른 이름이다. 건강한 기대란 나의 감정을 솔직하게 전하고 상대 입장을 경청하며, 함께 조율해나가는 일이다. 이런 기대는 관계의 힘이 된다. "어떻게 나한테 그럴 수 있어?"라는 말이 나오기 전에, "나는 이렇게 느꼈어. 너는 어땠어?"라고 먼저 묻는다. 용기를 내어 마음을 말로 꺼내는 것이 소통의 시작이다. 관계는 서로의 마음을 추측하는 것이 아니라, 말로 다져나가는 여정이다. "나는 이 부분을 이렇게 기대했었어", "다음엔 이렇게 해줬으면 좋겠어." 이런 말 한마디가 관계를 지킨다.

　상대에게 기대를 말할 때는 **첫 번째, 기대의 '이유'를 함께 말한다.** 단순히 "이렇게 해줘"라고 말하기보다 '왜 그 기대를 하게 되었는지'를 함께 전한다. 상대의 이해를 도울 수 있다.

> "그날 함께 가기로 한 약속이 나에겐 큰 의미였어.
> 그래서 더 서운했어."
> "그 일이 나에겐 중요했거든.
> 그래서 네가 조금만 더 신경 써줬으면 했어."
> "내가 정말 열심히 준비한 일이었어.

네가 더 관심을 보여줬다면 큰 힘이 됐을 것 같아."

두 번째, 기대의 다음 행동을 함께 제안한다. 기대를 표현한 뒤에 '다음엔 어떻게 하고 싶은지'를 제안해보는 것이 좋다. 오해가 줄고, 관계도 훨씬 더 유연해진다.

"다음번에는 그냥 네 생각을 먼저 말해줬으면 좋겠어.
그럼 나도 덜 헷갈릴 것 같아."
"앞으로 그런 일이 생기면, 그냥 편하게 나한테 먼저
알려줘. 난 미리 아는 게 더 좋아."
"그럴 땐 내 입장에서 한 번만 생각해줬으면 해.
그게 나한테 큰 배려로 느껴질 것 같아."

세 번째, 기대에 대한 감정 크기를 전달한다. 작은 서운함인지, 꽤 오래 마음에 남은 일인지 표현한다. 감정 깊이를 담담하게 전달하면 상대도 방어적이지 않게 받아들일 수 있다.

"그때는 괜찮다고 생각했는데,
시간이 지나니까 자꾸 생각이 나더라고."
"다른 사람한텐 별일 아닐 수 있지만,
나한텐 좀 크게 다가왔어."
"말할까 말까 망설였는데, 솔직히 아직도 마음 한구석이 불편해. 계속 마음에 남아 있어."

    말하지 않으면 오해로 남고, 표현하지 않으면 서운함이 된다. 서운함이 쌓이면 마음의 문을 닫게 된다. 진심을 담아 말하는 연습, 솔직하지만 따뜻하게 표현하는 연습은 결국 관계를 돈독하게 한다. 완벽한 기대는 있을 수 없지만 이해받으려는 마음과 이해하려는 태도는 존재할 수 있다. 좋은 기대는 함께 더 잘 지내고 싶다는 마음의 표현이다. 이 표현으로 그 기대는 서로를 더 충만하게 만든다. 그렇게 더 좋은 사이가 되어갈 수 있다.

💬 노력해도 힘든 이 관계, 계속해야 할까?

    심리학자 에리히 프롬은 저서 《사랑의 기술》에서 "네가 필요해서 사랑하는 것이 아니라, 사랑하기 때문에 네가 필요하다"고 했다. 진짜 건강한 관계는 내가 '나다울 수 있도록 해주는 공간'이다. 억지로 나를 바꾸고, 나를 억누르며, 맞춰야만 유지되는 관계라면 그건 '관계'가 아니라 '긴장'이다. 관계는 감정만으로 유지되지 않는다. 감정은 흐를 수 있지만, 기준은 지켜야 할 선이다. 지금 이 관계가 나에게 어떤 감정을 주고 있는가? 아래의 세 가지 기준은 내가 지금 어떤 관계 안에 놓여 있는지를 점검해보는 데 도움이 된다.

첫 번째, 있는 그대로의 나로 존중받고 있는가? 말투, 취향, 성격, 감정 표현까지 나답게 존재할 수 있는지 살펴본다. '내가 조금만 더 조심하면 괜찮을 거야', '이번에도 그냥 넘기자'라는 생각이 반복된다면, 그건 이미 존중보다 판단이 더 많은 관계다. 말 한마디에 눈치를 보게 되거나, 내 의견을 말하려다 망설이게 된다면 그건 이미 경고의 신호다. 사소한 취향을 부끄럽게 만들거나 '이상하다'라는 말로 내 감정을 가볍게 치부한다면 안전한 관계라 할 수 없다. 나다움을 억누르게 만드는 사람 곁에서 자존감은 자랄 수 없다.

두 번째, 서로의 감정 균형이 맞는가? 항상 내가 먼저 연락하고, 이해하며 사과하고 있지 않은지 생각해본다. 감정 노동이 한쪽에만 쏠린 관계는 언젠가 무너진다. 한 방향으로만 흐르면 지친다. 서로의 감정을 살피는 노력이 오가는 관계가 진짜 동반자다. 기분이 상했을 때조차 내가 먼저 풀어야 하고, 그 사람이 화나면 더 눈치를 본다면 감정 무게가 기울어졌다는 증거다. 한쪽만 끌고 가는 관계는 결국 끊어진다. '서로 다름을 조율하려는 태도'가 없으면 그 관계는 결국 '피로함'만 남는다.

세 번째, 후회하게 만들고 있지는 않은가? 함께한 시간 이

후에 '괜히 만났나'라는 생각이 든다면, 그 관계는 나의 에너지를 고갈시키는 관계다. 좋은 관계는 늘 완벽하진 않아도 나를 후회하게 만들지 않는다. 돌아오는 길에 괜히 허탈하거나 스스로 더 작아진 기분이 든다면 내 마음은 이미 신호를 보내고 있다. '다음엔 만나지 말아야지'라는 생각이 자주 들면서도 계속 이어가고 있다면 정리라기보다 '포기'에 가까운 상태일 수 있다. 좋은 관계는 시간을 쓴 걸 아깝게 만들지 않는다. 만나고 난 뒤에 내 마음이 편안해야 한다.

  말하지 않아도 기대가 채워지는 관계가 있고, 아무리 말해도 기대가 반복적으로 무너지는 관계도 있다. 처음의 서운함이 나중엔 체념이 되고 결국에는 지친다. '내가 뭘 더 해야 하지?'보다 '왜 나만 계속 애쓰고 있지?'라는 생각이 든다면, 그 기대와 관계는 다시 들여다볼 필요가 있다. 모든 관계가 다 노력할 만한 가치가 있는 것이 아니다. 함께 있는 것만으로도 마음이 무거워진다면 멀어질 용기도 필요하다. 억지로 붙잡는 노력보다 나를 지키는 결심이 더 중요할 때가 있다. 지치는 관계는 '기대'가 아니라 '기준'을 세워야 한다.

💬 지금 이 관계, 계속해도 괜찮을까?

　우리는 누구나 사랑받고 싶고 이해받고 싶다. 그 마음은 잘못된 것이 아니다. 그렇지만 그 기대가 나를 지치게 하고 상처로 돌아올 때는 한 걸음 물러서서 관계를 다시 바라봐야 한다. 인간관계는 조율이 가능할 때만 더욱 건강해진다. 애써 맞추며 나를 잃는 것보다 나를 지키는 선택이 더 현명하다. 상대에게 맞추기 위해서가 아니라 나답게 살기 위해서다. 기대가 아닌 기준으로 관계를 다시 세운다. '나는 지금 이 관계 안에서 편안한가?' 이 질문 앞에 서슴없이 그렇다고 대답할 수 있다면 나를 지키는 용기를 가진 사람이다.

| Tip | **지치지 않고 관계를 지키는 연습**

❶ 기대를 표현할 수 있는 문장을 미리 연습해둔다.
→ 예: "나는 이런 상황에 이렇게 반응해주면 더 고마울 것 같아." 말로 꺼내는 연습은 관계에서 오해를 줄이고 감정을 건강하게 전달하는 첫걸음이에요.

❷ 관계 점검 질문을 나에게 던져본다.
→ "이 관계 안에서 나는 존중받고 있는가?", "만난 뒤에 나는 편안한가?" 감정에만 이끌리지 말고, 나의 기준으로 관계를 돌아보는 습관을 들여보세요.

❸ '이 사람이 내게 왜 중요했는가'를 스스로 적어본다.
→ 기대가 생긴 배경을 알면, 그 기대가 지금도 유효한지 분별하기 쉬워집니다.

❹ 감정의 무게가 나만 무겁지는 않은지 살펴본다.
→ 이해와 배려가 일방통행이라면 이 관계는 균형이 무너진 것일 수 있어요. 균형이 깨졌다는 신호를 무시하지 마세요.

❺ 기대를 멈추기보다 '기준'을 세워본다.
→ '이런 말은 하지 않으면 좋겠다', '이런 상황에서는 거절하겠다'는 내 마음의 선을 명확히 할수록 지치지 않고 나를 지킬 수 있어요.

PART 3

매너 있게 거절하고 당당하게 표현하는 법

때론 내 감정 표현을
문자나 메신저로 정중하게

    감정을 타인에게 표현하는 일은 생각보다 쉽지 않다. 마음속에서는 수백 번도 더 연습한 말인데도, 막상 눈앞에 서면 말이 턱 막혀버린다. 실망감이나 서운함과 같은 감정을 상대를 자극하지 않으면서도 솔직하게 전달하고 싶지만 어떻게 표현할지 난감하다. 그래서 많은 사람들이 '말'보다 '글'을 택한다. 글은 자신의 감정을 좀 더 차분하게, 정리된 상태로 전달할 수 있게 해준다. 직접 말하려면 쑥스럽고 조심스러운 말도 글로는 조금 더 담담하게 꺼낼 수 있다. 글을 쓰는 동안 한 번쯤 멈춰서 표현을 다듬기 때문이다.

💬 온라인에서의 실수들

    이메일은 헤아릴 수 없이 큰 도움을 주는 소통 수단이다. 그러나 문자로 감정을 전하는 일이 늘 좋은 건 아니다. 관계에 금이 가게 만드는 실수의 도구가 되기도 한다. 상대 말투나 분위기를 알 수 없기에 같은 말도 뉘앙스가 달라져서 오해를 부르기 쉽다. 어떤 말투로, 어떤 단어를 선택해서 쓰느냐가 더 중요해진다. 수신자도 마찬가지다. 읽고도 답장하지 않거나 오랜 시간 응답을 미루는 일은 상대에게 무시당했다는 인상을 줄 수 있다. 오프라인에서는 공손하던 사람이 온라인에서는 예의 없는 사람으로 보일 수 있다.

  거절해야 하는 일이 있어 며칠을 망설이다가 이메일로 내 뜻을 전한 적이 있다. 말로는 도저히 자신이 없고 정중히 거절하고 싶어서, 조심스럽고 예의 바르게 다듬었다. 조심스럽게, 최대한 예의 바르게 썼다. 그냥 전화로 할까, 몇 번이나 망설이다가 전송 버튼을 눌렀다. 몇 시간 후 메시지는 '읽음'으로 바뀌었다. 그리고 그날 아무 답도 오지 않았다. 하루 종일 '내가 실수했나' 싶어 마음이 불편했다. '읽씹'은 단순한 침묵이 아니었다. 온종일 머릿속이 복잡했다. 이런 기억, 누구나 한 번쯤은 있을 것이다.

  온라인에서 오해를 줄이기 위해서는 정중한 표현과 세심한 말투가 더 중요하다. 상대 표정을 볼 수 없고 억양도 느낄 수 없기 때문이다. 심리학자 앨버트 메러비언(Albert Mehrabian)의 연구에 따르면, 의사소통에서 언어가 차지하는 비율은 단 7%에 불과하다고 한다. 나머지 38%는 말투, 55%는 표정이나 몸짓 같은 비언어적 요소가 차지한다. 우리는 말의 내용보다 말투, 표정, 몸짓 같은 비언어적 요소를 통해 더 많은 감정을 읽어낸다. 같은 문장이라도 어떤 표정으로, 어떤 말투로 말하느냐에 따라 상대에게 전혀 다르게 느껴질 수 있다는 것을 의미한다. 같은 문장이라도 상황이나 맥락에 따라 차갑게 들릴 수 있으니 주의해야 한다.

오해와 실수가 생기기 쉬운 이유가 바로 여기에 있다. 말보다 글이 나은 순간은, 내 감정을 더 정성스럽고 부드럽게 다듬어 표현할 수 있을 때다. 감정을 전할 땐 더 신중하게 단어를 고르고, 맥락까지 함께 전해야 한다. 온라인일수록 따뜻함은 기술이 아니라 태도에서 나온다.

대면 시의 대화	온라인상에서
그렇게 말해서 좀 서운했어.	그 말이 조금 마음에 남아서 전하고 싶었어.
왜 그렇게 행동했어?	그때의 네 입장이 어땠는지 궁금해.
그건 네가 잘못한 거잖아.	그 상황이 나한테는 좀 힘들었어. 넌 어때?
왜 연락도 안 해?	연락 안 오니까 너무 궁금하더라고.
내가 뭘 잘못했어?	내가 불편하게 한 부분이 있었다면 말해줘.

부탁하는 이메일을 보낼 때, 3가지 에티켓

누군가에게 부탁할 때 괜히 미안한 마음이 들어, 정작 필요한 말을 제대로 꺼내지 못할 때가 많다. 특히 이메일로 요청해야 할 경우, 그 어려움은 더 커진다. 이럴 때일수록 더 중요한 것은 그 부탁이 정말 필요한 일인지, 그리고 수신자에게 요청해도 괜찮은 내용인지 스스로 먼저 점검하는 일이다. 오프라인에서는 망설여지는 말을 온라인에서는 너무 쉽게 꺼내는 경우가 적지 않다. 인터넷 검색으로 찾을 수 있거나 스스로 처리할 수 있는 일이라면 부탁하지 않는 것이 좋다. 부탁 메일에서 가장 중요한 것은 상대에게 선택권은 남겨두되, 내 의도는 분명하게 전달하는 태도다. 아래의 세 가지 에티켓은 매너 있게 요청을 전하는 데 도움이 된다.

첫 번째, 인사와 감사의 표현부터 시작한다. 요청하기에 앞서 상대의 시간을 고려한 간단한 인사말은 기본이다. 짧은 문장 하나가 상대 마음을 여는 열쇠가 되기도 한다.

"바쁘신 와중에 메일 드려 죄송합니다."
"먼저 시간을 내어 이 글을 읽어주셔서 감사합니다."
"먼저 인사도 없이 갑작스럽게 메일 드리는 점
양해 부탁드립니다."

두 번째, 요청 내용을 구체적이고 간결하게 전달한다. 무엇을 언제까지, 어떤 방식으로 부탁하는 것인지를 명확하게 표현해야 한다. 그래야 상대방도 가능 여부를 판단할 수 있다. 형식까지 구체적으로 제시하는 것이 좋다.

"혹시 ○○자료를 ○○일까지 받을 수 있을까요?
공유가 어려우시다면 말씀만 주세요."

"관련 의견을 간단하게라도 주시면
정말 큰 도움이 될 것 같습니다."
"혹시 ○○ 관련된 정보나 참고 자료가 있으면
공유 부탁드려도 괜찮을까요?"

세 번째, 상대방의 선택권과 여지를 남겨둔다. 상대의 부담을 줄이는 표현은 매너 있는 요청의 핵심이다. '부탁'이라는 이름으로 들이밀듯 요구하지 않도록 주의한다. '부탁'이라는 말 뒤에 숨어 있지만, 강요처럼 들리는 표현은 피해야 한다.

"가능하시다면 ~ 해주실 수 있을까요?"
"여유가 되실 때 확인 부탁드립니다."
"바쁘시다면 다른 시점에 도와주셔도 괜찮습니다."

이메일로 부탁을 전할 때는 '어떻게 쓰느냐'만큼 '어떤 마음으로 쓰느냐'도 중요하다. 말 한마디에 사람이 다 담기듯, 글 한 줄에도 태도와 온도가 드러난다. 부탁은 잘 포장된 요구가 아니라 상대의 시간을 빌리는 예의다. 정중하게 쓰인 메일 한 통은 관계를 깎지 않고도 요청을 전할 수 있게 해준다. 작은 표현 하나에 담긴 배려는 때로 요청의 내용보다 더 깊은 인상을 남긴다. 부탁을 잘하는 사람은 관계를 잘 지켜나가는 사람이다. 이 따뜻한 기술이 당신의 일과 관계를 한결 원만하게 만들어줄 수 있다.

💬 거절하는 이메일을 보낼 때, 에티켓 3가지

부탁을 거절하는 일은 언제나 조심스럽다. 특히 글로 전해야 할 때는 말보다 몇 배는 더 신중해야 한다. 표정이나 말투를 확인할 수 없는 상황에서, 상대를 불쾌하게 하지 않으면서도 내 입장을 분명히 밝혀야 하기 때문이다. 같은 문장도 상황에 따라 차갑게 느껴질 수 있기 때문에 단호한 거절보다는 정중한 설명과 이해를 구하는 표현이 오해를 줄인다. 이메일은 관계 '거절의 기술'을 담은 소통 도구가 될 수 있다. 직접 얼굴을 보고는 쉽게 하지 못했던 말도 정중한 말투와 세심한 배려를 담은 글이라면 훨씬 더 부드럽고 분명하게 전할 수 있다. 거절 표현에는 '내용'만큼 '방식'이 중요하다. 어떻게 전달하느냐에 따라 거절이 상처가 아니라 배려로 받아들여질 수 있다.

첫 번째, 감사 인사를 먼저 전한다. 거절의 시작은 '감사 표현'에서 출발해야 한다. 요청해준 것에 대한 고마움과 나를 필요로 해준 마음을 먼저 인정한다. 그래야 부드럽게 전달된다. 진심이 담긴 인사 한마디는 거절의 벽을 낮춘다. 관계의 온도를 지켜주는 역할을 한다.

"좋은 제안 주셔서 감사합니다."

"바쁘신 와중에 연락 주셔서 감사합니다."
"먼저 저를 떠올려주셔서 감사드려요."

두 번째, 거절 이유는 짧고 솔직하게 한다. 장황한 설명은 오히려 변명처럼 들릴 수 있다. 너무 자세한 사정을 늘어놓기보다는 핵심적인 이유만 간단하게 전하는 것이 신뢰를 준다. 솔직하지만 예의 있게 말하면 상대도 오히려 담백하게 받아들이는 경우가 많다.

"안타깝게도 지금은 여유가 되지 않아
도와드리기 어렵습니다."
"먼저 결정된 사항이 있어, 아쉽지만,
이번에는 함께하기 어려울 것 같아요."
"현재 맡고 있는 일정을 고려했을 때,
이번 건은 함께하기 어려울 것 같습니다."

세 번째, 대안을 제시하거나 다음을 기약한다. 단순히 "못하겠다"로 끝내기보다는, 향후 가능성이나 다른 방법을 제시하면 관계의 온도가 달라진다. 서로의 부담은 줄이고 진심은 전할 수 있다. 상대에 대한 예의를 잃지 않으면서도 긍정적인 여운을 남기는 표현이 중요하다.

"이번에는 함께하지 못하지만,
다음 기회엔 꼭 참여하고 싶습니다."
"혹시 다른 방식으로 도움이 될 수 있는 부분이 있다면
알려주세요."
"지금은 어려우나,
일정이 정리되는 대로 다시 연락드릴게요."

거절은 관계의 끝이 아니라, 다른 방식의 존중을 보여줄 수 있는 기회다. 정중하게 잘 거절하는 태도는 오히려 신뢰를 쌓는 데 도움이 된다. "거절은 미안한 일"이라는 생각보다 "거절에도 예의가 있다"는 인식이 더 중요하다. 상대 마음을 배려하면서도 나의 경계는 분명하게 지켜야 한다. 좋은 거절은 상대를 부정하는 것이 아니라, 상황을 설명하고 이해를 구하는 일이다. 그 과정에서 진심이 느껴진다면 거절조차 따뜻하게 전달될 수 있다.

💬 마음을 더 섬세하고 정성스럽게

거절에도 배려가 담길 수 있다. 메일 한 통, 메시지 한 줄이 때로는 관계를 망치기도 하지만, 반대로 관계를 더욱 단단하게 만들 수도 있다. 감정을 숨기지 않고도 정중하게 말하는 연

습은, 결국 나를 더 단단하게 만든다. 글이 말보다 더 큰 공감을 끌어낼 수 있다. 상대를 배려하면서도 나의 감정과 입장을 솔직하게 전하는 표현은 관계의 온도를 지켜주는 가장 따뜻한 기술이다. 거절에도, 부탁에도, 감정 표현에도 '예의'와 '마음'이 담긴 말 한 줄이면 충분하다. 좋은 표현은 좋은 관계를 만든다. 그리고 그 관계는 결국 더 좋은 나를 만든다. 거절로 나의 한계와 상황을 솔직하게 인정하는 것은 관계를 지키는 건강한 방식이다. 무리하게 수락하는 것보다 정중하게 거절하는 것이 서로에게 더 좋다.

| Tip | **관계를 지키는 정중한 표현 연습법**

❶ 감정을 담은 부탁하기
바쁘실 텐데 부탁드려도 괜찮을까요?
여유 되실 때 한 번만 검토해주시면 정말 감사하겠습니다.

❷ 나를 지키는 거절하기
좋은 제안 감사하지만, 이번에는 어렵겠어요.
아쉽지만 지금은 여건이 되지 않아 힘들 것 같아요.

❸ 감정 표현 정중하게 하기(글로 표현할 때)
그 상황이 나에겐 조금 힘들게 느껴졌어요.
혹시 당신은 어땠나요?
조심스러운데, 마음에 남아 전하고 싶었어요.

❹ 표현의 순서 기억하기
감사 → 이유 → 제안 or 다음을 기약
이 구조만 기억해도 말과 글에 온기가 생겨요.

❺ 말보다 태도 연습하기
어떻게 말하느냐가 '무엇을 말했는가'보다 오래 기억됩니다.
정중한 말투는 단어가 아니라 '나의 태도'에서 시작돼요.

거절은 한 번이 어렵지
두세 번이면 익숙해진다

 부탁은 언제나 갑작스럽게 찾아온다. 어떤 건 단호히 거절해도 마음이 편하지만, 어떤 부탁은 참 애매하다. 거절하자니 관계가 어색해질까봐 걱정되고, 받아주자니 내 일정이 망가질 것 같다. 이런 고민 앞에서 우리는 늘 갈등한다. 부탁을 자주 받는 사람들은 "넌 참 착한 사람이야", "역시 너밖에 없어"라는 말을 듣는 걸 쉽게 포기하지 못한다. 상대를 실망시키고 싶지 않다는 이유로, 때로는 자신을 혹사하면서까지 에너지를 쏟는다. 하지만 인간관계에서 정말 중요한 것은 '누구에게, 얼마나 에너지를 쓸지'에 대한 분별이다. 무조건적 수용이 아닌, 건강한 선 긋기가 필요하다. 내 입장을 지키기 위한 정중한 거절이 바로 그 시작이다.

💬 거절, 못하는 진짜 이유

 우리는 대체로 거절을 '나쁜 행동'처럼 느낀다. 부탁을 들어주는 사람은 좋은 사람, 거절하는 사람은 이기적인 사람처럼 여겨지기 때문이다. 특히 관계에서 '좋은 사람'으로 보이고 싶은 욕구가 클수록, 거절 앞에서 죄책감을 느끼기 쉽다. "한 번 도와줬으니 다음에도 도와야 한다"는 압박감이, 거절을 더 어렵게 만든다. 그렇게 몇 번 반복하다 보면 어느새 '거절 못하는 사람'이 되어 있다. '좋은 사람이라는 소리도 듣고 싶고, 거절도 잘하고 싶다'는 마음은 사실 욕심이다. 두 가지를 완벽히 다 가질 수는 없다.

일본의 심리학자 가시와기 히로시(柏木 博)는 거절을 어려워하는 성향의 사람들을 '좋은 사람 중독자(いい人依存症)'라고 표현하기도 했다. 겉으로는 착하고 원만해 보이지만, 속으로는 늘 타인의 기대에 휘둘려 자기감정을 억누르며 지낸다는 것이다. 이른바 '착한 아이 콤플렉스(Good Child Syndrome)'다. 어릴 적부터 '착한 아이'로 불리며 자란 사람들은 타인의 기대에 부응하는 행동을 반복하며, "그래, 역시 넌 착하구나"라는 말을 들으며 자존감을 채우게 된다. 문제는 '착함'이 타인 기준과 기대에 지나치게 맞추는 형태로 굳어진다는 점이다. 상대의 감정보다 내 평판을 더 우선하게 된다.

좋은 사람이 아니라, 나를 지키는 사람이 되어야 한다. 나에게는 상대의 부탁을 거절할 자유가 있듯, 거절당한 상대가 실망할 자유도 있다. 모든 사람에게 좋은 사람이 되려고 하면, 모든 사람에게 휘둘리게 된다. 거절은 관계를 끊는 것이 아니라, 나의 경계를 지키는 일이다. 부탁을 거절한다고 해서 내가 나쁜 사람이 되는 것이 아니다. 그저 나를 지키는 방식일 뿐이다. 거절은 이기심이 아니라, 자기 존중의 표현이다.

◆ 착한 아이 콤플렉스 진단 질문 7가지

1. '좋은 사람'이라는 평판을 지키기 위해 무리하고 있지는 않은가?
2. 부탁을 받았을 때 가장 먼저 떠오르는 감정은 무엇인가?
3. 상대의 부탁을 거절했을 때, 그 사람이 나를 싫어할까 봐 걱정한 적이 있는가?
4. '거절은 이기적인 행동'이라고 느끼는가?
5. '착한 사람'이라는 말을 들으면 어떤 감정이 드는가?
6. 한 번 수락한 부탁을 반복해서 들어주는 것이 당연하다고 여겨지는 관계가 있는가?
7. '거절'도 타인에 대한 배려라고 생각할 수 있는가?

거절에 익숙해지면 거절은 이기적인 것이 아니라 정당한 감정 표현이라는 인식이 조금씩 자리 잡게 된다. 관계에서 진짜 중요한 건 "내가 지금 어떤 감정을 느끼고 있는가"이다. 스스로 먼저 자신의 감정을 알아차리자. 그래야 비로소 나를 위한 선택을 할 수 있고, 거절할 용기도 생긴다.

💬 거절보다 먼저, 내 마음 지키기

나는 학창 시절 '괜찮아'를 입에 달고 사는 아이였다. 친구들에게 서운한 일이 있어도 "괜찮아", 원하지 않아도 '괜찮아'라는 말로 내 감정을 덮었다. 모임에 가고 싶지 않은 날에도 빠지지 않았다. 하지만 속으로는 점점 지쳐갔다. 어느 날, 용기를 내어 친구들에게 힘들다고 털어놓았다. 친구들의 반응은 이랬다. "그걸 네가 싫어하는지 몰랐는데? 그때 말을 하지 그랬어?" 그제야 알게 됐다. 그들은 한 번도 강요한 적이 없었다는 것을. 문제는 내 안에 있었다. 지금 돌이켜보면 그 서운함은 상대 잘못이 아니라 내 '기대'에서 비롯된 것이었다.

UCLA의 심리학자 매튜 리버트 박사는 '감정을 정확히 언어로 표현하는 것만으로도 감정 반응을 조절할 수 있다'는 연구 결과를 발표했다. 감정에 이름을 붙이고 표현하는 과정 자체가 뇌의 감정 중추 활동을 낮추고, 자기조절력을 높여준다는 것이다. 복잡한 마음일수록 감정을 쓰거나 말로 표현해보면 한결 정리되는 느낌을 받는다. 내 감정을 이해해야 상대에게도 건강하게 표현할 수 있다. 그런 표현들이 건강한 '거절'의 시작이다.

참는 시간이 길어질수록 '이 정도면 보상받아야 하지 않을까?' 하는 마음도 함께 자라난다. 그래서 조금씩 연습을 시작했다. 아주 작은 것부터 거절해보았다. "오늘은 그냥 집에 있을 래", "이번 주는 좀 힘들 것 같아." 처음엔 거절이 낯설었다. 사람들이 나를 싫어하지 않을까 걱정도 되었다. 그런데 생각보다 사람들은 내 거절을 담담히 받아주었다. 아무리 애매한 상황이더라도, 정중한 거절은 단절이 아니라 조율의 연습을 통해 익숙해질 수 있는 태도다. 내 감정을 인식하고 존중하는 순간, 거절은 '미안함'이 아니라 '건강함'이 된다.

감정은 '있는 그대로 바라보는 연습'이 먼저다. "지금 나는 어떤 감정을 느끼고 있지?"라고 스스로에게 묻는 것만으로도 감정은 명확해진다. 감정이 불편했던 이유가 상황 때문인지, 생각 때문인지 구분해보는 것도 좋다. 나는 지금 슬픈 건지, 화가 난 건지, 아니면 외로운 건지 구체적으로 구분할 수 있어야 한다. 복잡한 마음일수록 감정을 쓰거나 말로 표현하다 보면 한결 정리된다. 내 감정을 이해해야 상대에게도 건강하게 표현할 수 있다. 그리고 그 표현이 곧 건강한 '거절'의 시작이 된다.

💬 거절! 실전 연습

건강한 인간관계를 위해서 우리에게 필요한 것은 '표현의 용기'다. 감정을 느끼면 말로 잘 꺼내야 한다. 상대는 내가 불편해하는지, 힘들어하는지 알 수 없기 때문이다. 아무리 가까운 사이라도 감정은 말로 표현하지 않으면 전달되지 않는다. 억울함도, 섭섭함도, 고마움도 마찬가지다. 감정을 말하는 연습이 쌓이면 거절도 훨씬 덜 두려워진다. 내가 나를 지키는 거절 방법을 미리 연습해두자.

첫 번째, 짧은 거절 문장부터 연습한다. 이렇게 짧은 문장부터 연습하면, 거절에 대한 심리적 부담을 줄이고 말할 용기를 키울 수 있다. 완벽하게 말하려 하기보다, 단호하지만 정중한 한마디를 준비하자.

"지금은 좀 어려울 것 같아요."
"이번엔 함께 못하지만 다음엔 꼭 도와드릴게요."
"여유가 되면 다시 연락드릴게요."

두 번째, '거절과 대안'을 같이 말한다. 이렇게 해야 단순한 거절이 아닌 관계를 이어나가려고 하는 진심이 전달된다. 상대에게 '거절당했다'라는 느낌보다 '존중받았다'는 감정을 느끼게 한다. 나의 한계를 지키면서 관계를 유지할 수 있는 좋은 방법이다.

"이번 일은 어렵지만,

"다른 방식으로 도움이 될 수 있을지 생각해볼게요."
"직접은 어렵지만 추천해드릴 수 있는 사람이 있어요."
"도와드리긴 어렵지만 응원하고 있을게요."

세 번째, '거절해도 괜찮다'의 자기 확언을 연습한다. 3가지 정도가 기억하기 좋다. 반복적인 자기 확언은 '거절은 나쁜 것'이라는 인식을 바꾸는 데 도움이 된다. 죄책감 대신 자기 존중의 감정을 키울 수 있게 해준다. 나의 감정과 경계를 인정하는 연습이 가능하다.

"거절은 이기심이 아니라 나를 존중하는 방식이다."
"내가 거절할 자유가 있듯, 상대가 실망할 자유도 있다."
"모든 사람에게 좋은 사람이 될 수는 없다."

직장 동료가 "혹시 이 일 좀 도와줄 수 있어?"라고 했을 때 "미안해, 나도 지금 급해서"라는 말이 잘 안 나오는 사람은 나중에 퇴근하고 집에 와서도 '그때 그냥 들어줄걸'이라는 자책이 생긴다. 거절은 연습을 통해 익숙해지는 기술이다. 막상 닥쳤을 땐 당황하기 쉬우니, 미리 몇 가지 상황을 떠올리며 말할 문장을 준비해두면 도움이 된다. 이런 문장들을 머릿속에 몇 개쯤 갖고 있으면 순간적인 감정에 휘둘리지 않고 침착하게 대응할 수 있다.

◆ **좋은 거절의 대화 예시**(직장 동료와의 대화)

동료 "혹시 이번 주 보고서 좀 도와줄 수 있을까? 일정이 너무 빡빡해서…."
나 "나도 이번 주 마감이 있는데. 어쩌지? 지금 바로는 어려울 것 같아. 미안해."
동료 "아 그렇구나… 혹시 모레 제출할 자료만이라도 좀 봐줄 수 있어?"
나 "오전엔 회의가 계속 있는데. 혹시 내일 오후까지 기다릴 수 있어? 그때는 잠깐 시간 될 거 같아. 한 번 같이 봐줄게."
동료 "응, 그럼 잠깐만 시간 내줘! 고마워~."

거절하면서도 대안을 제시하고, 상대 입장도 고려하는 태도가 드러나면 관계를 해치지 않으면서도 경계를 지킬 수 있다.

💬 거절은 거절이 아니다

거절은 결코 나쁜 일이 아니다. 잘된 거절은 관계를 더 건강하게 한다. 착한 사람이 되기 위해 계속 감정을 숨기는 것은 결국 나도 힘들고 상대도 곤란하게 만든다. 거절은 이기적인 것이 아니다. 타인의 기대에 휘둘리지 않고 나의 의사를 단호하게 표현할 수 있을 때 우리는 비로소 성숙한 인간관계를 시작할 수 있다. 진짜 좋은 사람은 부탁을 무조건 다 들어주는 사람이 아니다. 경계를 아는 사람이다. 거절에 대한 두려움 대신 연습한 한마디가 있다면 단단해진다. 나를 존중하지 않는 관계는 오래가지 않는다. 거절은 차단이 아니라 선택이다. 모두를 더욱 정신적으로 성숙하고 건강하게 만든다.

| Tip | **정중한 거절 실천 연습**

❶ 감정 기록 습관 만들기

매일 저녁, 오늘 가장 강하게 느꼈던 감정을 한 문장으로 기록해 보세요. "언제, 왜, 어떤 감정을 느꼈는가?"를 쓰는 것만으로도 감정 인식 능력이 향상돼요.

❷ 거절하고 싶은 순간을 상상하며 대답 미리 연습하기

친구가 갑자기 부탁할 때, 상사가 야근을 제안할 때 등 상황을 머릿속으로 시뮬레이션하고 그에 대한 '정중한 거절 문장'을 미리 만들어보세요.

❸ 'NO' 대신 'YES'로 시작하기

단호하지만 부드럽게 거절하고 싶다면 이렇게 시작해보세요. "도와드리고 싶은 마음은 있지만 지금은….''→ 상대를 존중하면서도 내 입장을 분명하게 할 수 있어요.

❹ '실망할 자유' 받아들이기

내가 거절하면 상대가 실망할 수 있다는 사실을 받아들이세요. 그 감정은 '내 책임'이 아니라 '상대의 몫'입니다. 그 또한 건강한 거리감의 일환이에요.

❺ 거절 후에는 마음 정리하기

거절한 뒤에도 불편한 감정이 남는다면, 이렇게 말해보세요. "나는 나를 지켜낸 선택을 했고, 그것으로 충분하다."→ 자기 확언은 죄책감보다 자기 존중을 강화해줘요.

지금이라도 깨달으면
숨쉬기 편해지는 거절 방법

우리는 살면서 단 한 번쯤은 막무가내인 사람을 만난다. 이들과의 대화는 '대화'가 아니라는 느낌이 든다. "안 된다", "그렇지 않다"는 말을 몇 번이나 반복해도 소용이 없다. 듣지 않은 척, 끝까지 자기 말을 다시 꺼낸다. 내가 말을 헷갈리게 했나 싶어진다. 왜 자꾸 내가 잘못한 사람처럼 느껴지는 걸까? 처음엔 잠깐 도와주겠다는 마음이었지만 이내 지쳐버린다. 끌려가는 관계가 되어버리고, 숨이 턱 막힌다. 몇 번을 정중히 거절해도 달라지지 않는다. 이때 더욱 중요한 게 나의 감정과 한계를 기준으로 확실히 선 긋기를 하는 것이다.

💬 막무가내형 사람들의 공통점

학생들의 반 배정 과정에서 실력 테스트 결과에 따라 반을 나누면, 이를 납득하지 못하고 지속적으로 반 변경을 요구하는 학부모가 종종 있다. 안 된다고 거절했는데도 반복적으로 부탁한다. 애초에 거절을 받아들일 생각조차 없는 것 같다. 정중하게 "이번엔 어렵다"라고 말했음에도 "이번만 해주세요"라며 같은 부탁을 되풀이한다. '정중함'을 거래 여지로 해석하고, 괜찮은 표정을 묵인의 신호로 착각한다. 나의 침묵이나 부드러운 태도를 "결국, 해줄 거지?"라는 식으로 받아들인다. 현재 상황을 아예 들으려 하지 않는다. 그들에게 중요한 건 오직 자신의 뜻을 관철하는 것이다. 이런 대화는 '요청'이 아니라 '압박'으로 느껴진다.

거절하는 쪽이 오히려 예의 없는 사람으로 치부될 우려마저 있다. 이 같은 일방적인 태도는 엄청난 심리적 압박감을 준다. 이런 사람들에게는 거절을 받아들이는 태도가 전혀 없다. "나 진짜 급해서 그래", "나 이거 못하면 큰일 나"라고 말하면서도, 정작 상대 일정이나 컨디션은 고려하지 않는다. 자신의 '사정'만을 강조한다. 그러다 보니 싫다고 말하는 것조차 조심스러워지고, 허락을 구하는 기분이 든다. 이 관계는 대화가 아닌 심리적 게임이 되어버리고, 사람을 더 지치게 만든다.

◆ **막무가내형 사람들의 말투 예**

대표적 말투	말 속 의미
진짜 마지막이야. 이번 한 번만 도와줘.	(반복되는 부탁)
지금 거절하면 나 진짜 곤란해져.	(책임 전가)
이 정도는 해줄 수 있는 거 아니야?	(타인의 사정 무시)
그 정도 일로 힘들다 하면 안 되지.	(상대 감정 깎아내림)
왜 이렇게 예민하게 굴어?	(상대의 감정 표현 문제 삼음)
싫다는 거야? 그럼 그냥 안 봐.	(분위기 압박)
지난번에도 해줬잖아. 이번에도 해줘.	(당연함으로 여김)

막무가내형 사람들 말투는 대체로 상대 감정이나 상황을 무시한다. 자신의 요구만을 반복하며 정당화하는 방식으로 나타난다. 위의 이런 말투 예시를 통해 상대가 막무가내형 사람인지를 판단할 수 있다. 거절의 순간, 혼란스러운 감정이 든다 해도 그것은 당신이 예민해서가 아니다. 우리의 감각 신호기가 '경계 침범'을 정확히 감지한 것이다. 단호하고 정중하게, '싫다'라고 말할 준비를 갖춰야 한다. 자신이 지금 느끼는 감정을 가볍게 넘기지 말고, 그 감정이 보내는 신호에 귀 기울인다. 그

감정은 내 마음을 지키기 위한 중요한 방어막이기 때문이다. 적절한 '선 긋기'와 '거절 연습'은 지금보다 훨씬 마음 편한 관계를 만들어줄 수 있다.

💬 막무가내인 사람들의 숨은 심리

막무가내형 사람들 태도 뒤에는 그들만의 심리적 메커니즘이 숨어 있다. 단순히 이기적이거나 무례해서 그런 것이 아니다. 그 안에는 불안, 경계 인식 결여, 통제 욕구, 감정적 조작 등 다양한 심리 작용이 작동하고 있다. 심리학자 알프레드 아들러(Alfred Adler)는 인간은 열등감을 극복하고자 보상 심리를 발휘한다고 보았다. 막무가내형 사람들은 내면의 불안과 통제 불가능한 상황에서 오는 무력감을 감추기 위해 외부 통제를 강화하려는 경향이 있다.

첫 번째는 상대에게 자신의 불안을 전가하려는 심리다. "나 진짜 이거 못하면 큰일 나"라는 말에는, 책임지기 어려운 상황을 타인의 도움으로 해결하려는 의도가 숨어 있다. 실패했을 때 감당할 자신이 없어서, 그 부담을 타인에게 떠넘기며 불안을 해소하려 한다. 결국 도움을 요청받은 사람은 자신의 감정이나 일정보다, 상대 위기를 먼저 감당하게 된다. 도움을 주는 사람조차 심리적 불안을 경험하게 만든다.

두 번째는 상대와 자신에 대한 경계 인식 결여다. "진짜 이번만이야. 다음엔 부탁 안 할게"라는 말은 거절을 '불가능'이 아닌 '아직 설득되지 않은 상태'로 해석하는 태도다. 존 볼비의 애착 이론에 따르면, 어린 시절 주요 양육자에게서 "떼를 쓰면 결국 들어준다"는 경험을 반복한 사람은 타인의 거절을 단순한 의견이 아닌 도전 과제로 받아들이는 경향이 있다고 한다. 타인의 감정과 경계를 있는 그대로 인식하기보다는, 자신의 욕구 충족을 관계의 중심에 놓는다.

세 번째는 상대와 자신의 관계를 통제하려는 심리다. "너니까 부탁하는 거야", "나 너밖에 없어." 같은 말은 상대에게 '특별한 사람'이라는 감정을 부여해 책임감과 죄책감을 자극한다. 이는 자신의 요구를 관철하기 위한 정서적 압박 도구로 작용한다. 관계의 주도권을 쥐기 위해 상대에게 '감정적 빚'을 지게 만든다. 돕지 않으면 나쁜 사람이 되는 듯한 심리적 구속감을 조성한다. 표면적으로는 호의처럼 보이지만, 실상은 상대의 선택지를 줄이고 부담을 전가하는 방식이다

네 번째는 피해자 코스프레를 통한 정당화 전략이다. "그 정도도 안 해주면 나 너무 서운하지"라는 말은 감정 표현처럼

보이지만, 실제로는 상대에게 죄책감을 유도해 자신의 부탁을 받아들이게 하려는 심리가 담긴 말이다. 이는 심리학에서 말하는 가스라이팅(Gaslighting)의 한 형태로 볼 수 있다. 가스라이팅이란 타인의 감정과 현실 인식을 교묘하게 왜곡해, 상대가 스스로 의심하고 자책하게 만드는 심리적 조작 기법이다. 막무가내형 사람들은 자신을 '도움받아야 할 사람'으로 설정하고, 상대의 감정과 의사결정을 간접적으로 통제한다.

이처럼 막무가내형 사람들은 자신의 불안과 욕구를 감추고, 다양한 감정 전략을 통해 타인을 조종하려는 경향을 보인다. 이때 우리가 해야 할 일은, 단순히 도와줄지 말지를 판단하는 것이 아니라, 관계의 균형을 어떻게 지킬지를 명확하게 인식하는 것이다. 그들의 불안을 대신 감당하는 것이 진짜 친절은 아니다. 건강한 관계는, 상대의 요구보다 나의 경계를 먼저 지키는 데서 시작된다. 이들의 말에 담긴 감정의 무게를 파악하고, 단호하면서도 정중하게 선을 긋는 연습이 필요하다.

💬 막무가내인 사람에게 휘둘리지 않으려면

막무가내인 사람들과의 대화는 '대화'라기보다, 일방적인 요구다. 말투는 정중할 수 있지만 내용이 집요하다. "이 정도는 해줄 수 있잖아?", "너니까 부탁하는 거야." 같은 말은 상대의 자율성을 압박하고 감정을 조종하는 표현이다. 설득처럼 보이지만, 그 속에는 거절을 무력화시키려는 전략이 숨어 있다. 이런 사람들과의 관계에서 내 감정을 지키기 위해 가장 먼저 필요한 건, 그들의 말에 담긴 의도와 특성을 정확히 알아차리는 일이다. 상대의 말을 그대로 받아들이기보다, 그 말이 내 감정에 어떤 영향을 주는지를 살피는 것이 출발이다. 그래야 거절 타이밍을 놓치지 않고, 감정적으로 끌려가지 않게 된다. 어떻게 대응하면 좋을까?

우선, 가장 먼저 해야 할 것은 "내가 지친다"라는 사실을 생각하는 것이다. 부탁을 '거절하면 상대가 서운해할까봐'보다 나를 먼저 생각해야 한다. 막무가내 사람에게 계속 맞춰주다 보면 나는 지치고, 상대는 더 많이 기대하게 된다. 부탁을 무조건 들어주는 관계가 결코 좋은 관계가 아니다. 상대 감정보다 먼저 나의 에너지와 마음 상태를 지킨다. 그 사람과의 "이 관계를 지속할 수 있을까?"라는 질문을 자신에게 해본다. 거절은 관계를 끊기 위한 것이 아니다. 건강하게 이어가기 위한 기술이다.

다음처럼, 미리 자기 방어형 문장을 준비해둔다. 막무가내인 사람에게는 단호하면서도 정중한 표현이 필요하다. 즉각 수용하지 않으면서도 예의를 갖춘 문장들을 준비해두는 것이 큰 도움이 된다. 다음과 같은 말을 미리 외워두고 연습한다.

"그건 제 기준에서는 좀 어렵습니다."
"저도 일정 조율이 필요한 부분이라,
바로 말씀드리긴 어렵네요."
"그 부분은 다음에 다시 이야기 나눌 수 있을까요?"

이 말들을 연습해두면, 그 순간 감정에 휘둘리지 않고 침착하게 대응할 수 있다.

마지막으로, 상대가 계속 밀어붙일 때는 같은 말을 반복한다. 설명을 더 늘어놓는 것보다 효과적이다. 막무가내일수록, 설명이 길어질수록 여지가 생겼다고 판단하고 더 집요해진다. 이럴 땐 단호하고 일관된 문장을 정해두고, 그 문장을 감정 없이 반복한다.예를 들면,

나 "죄송하지만, 이번에는 어렵습니다."
막무가내 "그래도 좀 도와주면 안 될까?"
나 "죄송하지만, 이번에는 어렵습니다."
막무가내 "그냥 조금만 해줘. 진짜 급한데…."
나 "말씀드린 대로, 이번에는 어렵습니다."

💬 평정심을 잃지 않기

막무가내인 사람에게 휘둘리지 않기 위해 가장 중요한 건 내 감정에 귀 기울이며 평정심을 유지하는 것이다. 상대가 아무리 조급하게 굴고 감정적으로 압박하더라도 내가 감정적으로 흔들릴 필요가 없다. 나의 불편한 감정이 말하는 진짜 이유에 집중한다. 거절은 관계를 끊기 위해서가 아니라, 건강하게 이어가기 위해 필요한 기술이다. 평정심은 나를 지키는 가장 강력한 울타리다. 상대 태도에 휘둘리기보다 내 안의 중심을 잃지 않겠다고 마음먹는 순간, 관계의 균형이 조금씩 회복될 수 있다. 거절이 익숙해질수록, 거절 시에 불편했던 '숨쉬기'가 훨씬 편해진다.

| Tip | 막무가내형 사람에게 휘둘리지 않기 위한 실천 팁

❶ 거절 문장을 미리 준비해 연습하기
막상 상황이 닥치면 머릿속이 하얘지기 쉬워요. "이번에는 어려울 것 같아요", "그건 제 기준에선 힘들어요"처럼 짧고 단호하지만 정중하고 예의 있는 문장을 평소에 익숙하게 만들어두면 좋아요.

❷ 말을 길게 하지 않기
설명이 길어질수록 여지가 생기기 때문에 한 문장을 정해 반복하는 것이 가장 효과적이에요. "말씀드린 대로, 이번엔 어렵습니다." 같은 한 문장을 그대로 반복해요.

❸ 상대 감정보다 내 감정 먼저 챙기기
"상대가 실망할까봐…"보다 "내가 지칠까봐…"를 먼저 생각해요. 관계를 위해 나를 희생하는 방식이 반복되면, 관계도 결국 망가져요.

❹ 응답을 늦추는 시간 활용하기
즉답 대신 "생각해보고 알려드릴게요"라는 말로 판단 여유를 가지면, 감정적으로 휘둘릴 가능성을 줄이고, 내 입장을 정리할 시간을 벌 수 있어요.

❺ 심리적 거리 두기 연습하기
자꾸만 나를 불편하게 만드는 사람과는 심리적 거리를 의식적으로 둬요. 말투, 표정, 메시지 빈도까지도 조절하며 내 안의 평정심을 지킬 공간을 마련해요.

'끌리는' 사람은 1%,
'끌려다니는' 사람은 99%?

　유독 주변 사람들의 관심을 받는 사람이 있다. 어떤 사람이 끌릴까? 특별히 잘생기지도, 말이 많지도 않은데도 자꾸 눈이 가고, 말을 건네고 싶어진다. 뭔가 신뢰가 간다. 이런 사람은 억지로 자신을 드러내지 않아도 존재감이 있다. 반면 친절하고 무언가를 계속 하는데도 매력적이지 않은 사람이 있다. 끌리는 사람과 끌려다니는 사람의 차이는 단순한 외향성이나 호감도의 문제가 아닌 것 같다.

💬 어떤 사람이 끌릴까?

　지혜의 대가라 불리는 발타자르 그라시안(Baltasar Gracian)은 인간관계에 대한 명언을 남겼다. "자신의 가치와 매력을 스스로 아는 사람이 가장 오래 기억되고, 계속해서 끌리게 만든다." 특별한 기술이나 외적 조건과는 다른 매력들이다. 말이나 행동이 특별하지 않아도 자연스럽게 주목받고, 주변에 에너지를 뿌리고, 신뢰감을 주며, 함께 있으면 편안한 느낌을 주는 사람이 소위 끌리는 사람이다. 흔히 '착한 사람'이 되어야 다른 사람들과 좋은 관계를 맺을 수 있을 것으로 생각하지만, 진짜 사람을 끌어당기는 건 무조건적 착함이 아니다.

 SNS를 보면 자신을 과도하게 드러내는 사람들이 있다. 겉으로는 굉장히 화려하게 사는 것처럼 보인다. 하지만 그 속에는 과시욕이 있다. 남들 관심에 의존하고, 그 관심이 없으면 스스로 인정받지 못하는 것 같아 견디지 못한다. 스스로에게 확신이 있는 사람들은 결코 그런 것에 연연하지 않는다. 자신을 믿기에 누군가의 인정 자체가 별 필요 없다. 타인의 관심을 갈구하지 않는다. 명확한 가치관을 갖고 스스로가 혼자 보내는 시간도 유의미하게 보낼 줄 안다. 이렇지 못한 사람들이 대개 관계에서 상대방 관심을 갈구하고 또 의존한다.

 매력 있고 끌리는 사람은 자기감정을 먼저 살핀다. 착한 사람은 상대 요구에 따라 움직이지만, 매력 있는 사람은 자신의 기준을 중심으로 관계를 조율한다. 이 차이는 태도와 자기 인식의 깊이에서 나온다. 끌리는 사람은 불편하거나 서운한 일이 있어도 상대를 탓하기보다 '내 감정이 왜 그런지'를 먼저 생각한다. 감정적으로 휘둘리지 않는다. 자신의 감정을 먼저 인식하고 표현하기 때문에, 상대에게 억지로 감정노동을 요구하지 않는다. 그래서 함께 있어도 피로감이 덜하다. 순간의 감정에 휩쓸려 말을 뱉거나 판단하지 않는다. 그렇듯 함께 있는 시간이 편안해서 끌리는 것이다.

나는 중학교 시절까지 '착한 아이'라는 말을 많이 듣고 자랐다. 어른들 이야기부터 친구들 부탁조차도 거절하지 않았다. 불편해도 싫은 소리 한 번 안 했다. 하지만 어느 순간, 사람들이 나를 쉽게 대하고 있음이 느껴졌다. 내 호의를 점점 '당연하게 여기는 사람들이 늘어났다'라는 것을 알았다. 그때서야 나도 '내 의견을 말해야겠구나'라고 비로소 생각했다. 이후 내 의견이 확실해질수록 다른 사람들도 내 말에 귀를 더 기울이는 것이 느껴졌다. 착하다고 해서 매력이 있는 것이 아니었다.

'자기 자신을 잘 알고, 자기감정을 주도적으로 다룰 줄 안다'는 것이 끌리는 사람들의 공통된 특징이다. 자신이 무엇을 좋아하고 무엇이 싫은지를 명확히 알고 있으며, 타인의 반응에 흔들리지 않고 자신의 기준대로 관계를 이어가는 것. '끌리는 사람'이 되기 위해서 필요한 것은 특별한 스킬이나 성격이 아니다. 그것은 바로 자기감정에 대한 솔직함과 관계 속에서 자신을 지키려는 의식적 태도다. 이게 바로 '끌림의 본질'이라고 할 수 있다.

💬 끌림의 심리, 매력은 태도다

"봉투에 담아드릴까요?"라고 물었을 때, "그럼 안 담아주려고 했어?"라고 받아치거나, "요즘 예뻐졌네"라는 칭찬에도 "성형했다고 돌려 까는 거야?"라며 삐딱하게 반응하는 사람이 있다. 이런 사람들은 기본적으로 피해의식이 강하고, 상대방에 대한 적대감이 있다. 반면 상대방이 건넨 말을 그대로 받아들이고, 작은 호의에도 감사할 줄 아는 사람이 있다. 칭찬을 들으면 그대로 받아들이고 "감사합니다"로 따뜻하게 답한다. 이런 사람 주변에는 사람들이 끊이지 않는다. 관계도 오래간다. 끌리는 사람은 무엇이 다를까? 이러한 매력은 태도에서 나온다.

끌리는 사람은 분위기를 부드럽게 만든다. 감정 조율 능력이 있기 때문이다. 상대방이 혹여라도 말실수를 하더라도 꼬아듣지 않는다. 자신에게 필요한 부분만을 받아들인다. 상황에 유연하게 대처한다. 주변 상황에 휘둘리지 않고, 감정을 부드럽게 다룰 줄 안다. 이런 사람 곁에 있으면 긴장하거나 불편해질 일이 적다. 함께 있을 때 편안한 분위기가 만들어진다. 사람들을 주변에 모이게 하는 편안함이야말로 사람을 끌어당기는 가장 강력한 매력이다.

◆ **대화의 예**

A "아, 나 실수했지? 괜히 분위기 망쳤나? 미안해."
B "(웃으며) 괜찮아. 그런 건 누구나 그럴 수 있지."

다음으로, 끌리는 사람은 신뢰를 만든다. 자기 확신이 있기 때문이다. 말과 행동이 일관된다. 쉽게 흔들리지 않고 타인의 평가에 일희일비하지 않는다. 감정을 잘 다스릴 줄 안다. 이러한 안정감은 상대에게 '이 사람을 믿어도 괜찮다'라는 신뢰감을 심어준다. 사람들은 중심이 선 사람에게 끌리게 된다. 신뢰는 한순간에 얻어지는 것이 아니라 일관된 태도와 꾸준한 감정 조율 속에서 서서히 쌓인다. 이런 태도의 신뢰는 인간관계를 단단하게 하는 가장 깊은 힘이다.

◆ **대화의 예**

A "이거 부탁해도 될까? 괜히 부담 줄까봐 망설였어. 무리하는 건 아니지?"
B "이건 내가 도와줄 수 있을 것 같아. 조율했는데 괜찮아. 가능하니까 도와주는 거야."

마지막으로, 끌리는 사람은 마음을 편안하게 만든다. 자신의 경계가 명확하기 때문이다. 경계가 분명한 사람은 상대를 과하게 통제하거나 침범하지 않는다. 과도한 요구도 하지 않는다. 감정의 짐을 억지로 지우지 않기 때문에, 함께 있을 때 상대방도 부담이 없다. 내 의견을 있는 그대로 편하게 말해도 좋다는 안전함을 느끼게 해서 억지로 꾸미지 않고 있을 수 있다. 자연스러운 끌림을 만드는 이런 태도가 진짜 끌림이다.

◆ **대화의 예**

> A "혹시 이번 주말에 같이 모임 갈래? 사람들도 많이 온다던데."
> B "고마워. 그런데 이번 주말은 나 혼자 시간을 좀 보내고 싶어. 다음에 컨디션 괜찮을 때 같이 가자. 너랑 같이 가는 건 좋아."

끌림은 특별한 기술에서 나오지 않고, 억지로 만들려고 해서도 생기지 않는다. 평상시 보이는 태도에서 자연스럽게 피어난다. 편안한 분위기, 흔들림 없는 신뢰, 그리고 존중하는 경계감이 쌓일 때, 사람들은 자연히 끌리게 된다. 자연스럽게 사람들이 모인다. 끌림은 외적인 것이 아니라, 내면의 중심에서 빛나는 힘이다. 스스로 존중하고, 상대를 존중하는 태도 속에서 끌림은 더 깊어진다. 이런 끌림을 오래도록 유지해가는 것도 결국은 내가 행복해지는 비결이다.

💬 끌림 이후, 끌림을 유지하려면

　끌리는 사람은 단순히 '멋져 보이는 사람'이 아니다. 타인과 건강한 상호작용을 할 줄 아는 사람이다. 끌림은 순간이지만, 관계는 시간 속에서 자란다. 처음의 호감을 넘어 관계를 오래도록 지속하기 위해서는 더 많은 내면의 태도와 훈련이 필요하다. 작은 말과 행동, 그리고 서로를 대하는 태도가 관계의 깊이를 결정한다. 관계는 노력 없이 유지되지 않는다. 끌림을 관계로, 관계를 신뢰로 이어가기 위해서는 꾸준한 자기 점검이 필요하다.

　우선, 말과 행동에 일관성을 갖는다. 일관성이 있으면 쉽게 흔들리지 않는다. 안정감을 줄 수 있다. '이 사람은 믿을 수 있다'라는 신뢰를 준다. 신뢰는 끌림의 가장 기본적인 조건이다. 반대로, 말과 행동이 자주 바뀌는 사람은 불안감을 준다. 처음에는 호감을 살 수 있어도, 시간이 지날수록 신뢰를 잃게 된다. 관계는 결국 '편안함'과 '신뢰감' 위에 쌓이는 것이다. 일관성은 특별한 재능이 아니라, 매 순간 작은 선택을 꾸준히 지키는 태도에서 나오는 것이다.

두 번째, 다른 사람의 관심을 갈구하지 않는다. 누구에게도 매달리지 않고, 인정받기 위한 과한 표현을 하지 않는다. 혼자 있어도 괜찮고, 혼자 있는 시간을 풍요롭게 보낼 줄 안다. 상대 감정이나 기대에 억지로 맞추려 하다 보면, "거절하면 관계가 깨질지도 몰라"라는 불안에 휘둘리게 된다. 결국 나의 마음과 시간은 소진된다. "사람들이 나를 어떻게 볼까?"보다 "이건 내가 옳다고 생각하는가?"를 중심에 둔다. '부족함'보다 '충만함'이 느껴지는 사람에게 사람들은 자연스럽게 끌린다. 내가 나를 충분히 채우지 않으면, 어느 관계에서도 갈증을 느낀다.

세 번째, 감정 조절을 한다. 감정의 주인이 되면, 관계의 중심도 자연스럽게 따라온다. 감정을 억누르거나 상대에게 떠넘기지 않고, 스스로 인식하고 다스릴 줄 알아야 한다. 상대에게 끌려다니지 않고, 스스로 관계의 속도와 방향을 조절한다. 감정을 건강하게 다룰 줄 아는 사람은 가볍지도 무겁지도 않게, 적당한 온도로 관계를 이어간다. 내가 불편함을 느꼈다면, '왜 싫은지'를 먼저 스스로에게 물어봐야 한다. 감정을 인식해야 비로소 건강한 경계선을 만들 수 있다. 감정을 제대로 읽고 다루는 사람만이 관계에서도 스스로를 잃지 않을 수 있다.

네 번째, 비판은 수용하고 비난은 무시한다. 이유 있는 비판은 겸허하게 받아들인다. 사람들이 애정 어린 마음으로 건네는 비판은, 나의 문제를 돌아보고 성장할 기회로 삼는다. 문제점을 고치기 위해 스스로 애정 어린 노력을 기울인다. 하지만 이유 없는 무조건적 비난은 깔끔하게 흘려보낸다. 비판은 성장 재료가 되지만, 비난은 감정 소모일 뿐이다. 무엇을 받아들이고 무엇을 흘려보낼지를 구별할 줄 알아야 한다.

끌리는 사람에겐 중심이 있다

끌리는 사람에겐 자신이 세운 기준이 있다. 상대에게 끌려다니지 않고 스스로 관계의 속도와 방향을 조율한다. 모든 것을 잘하려 하지 않는다. 자신의 능력과 한계를 정확히 알고, 무리하지 않고 솔직하게 표현할 줄 안다. 흔들리지 않고 관계에서도 중심을 지킨다. 우리는 어떤 상황에서도 자신을 잃지 않는 사람에게 끌린다. 중심을 지키는 사람은 타인에게 '기댈 수 있는 사람'이다. 이들과 함께 있는 시간이 늘 '따뜻하고 편안하다'라는 인상을 준다. 말 한마디, 눈 맞춤, 고개 끄덕임 같은 아주 사소한 표현에도 그 안에 담긴 배려를 알 수 있다.

| Tip | **매력 있는 사람이 되기 위한 실천 팁**

❶ 말과 행동에 일관성 유지하기
한결같은 태도는 신뢰를 만듭니다. 말과 행동이 다르지 않도록 스스로 점검해요.

❷ 혼자 있는 시간도 풍요롭게 보내기
외로움을 채우려 하지 말고, 혼자만의 시간을 즐길 수 있는 취미나 활동을 만들어봐요.

❸ 감정을 억누르지 말고 인식하기
불편한 감정이 올라오면 무시하거나 넘기지 말고, "나는 왜 이런 감정을 느꼈을까?"를 스스로에게 물어보아요.

❹ 거절할 때는 죄책감 없이 정중하게
거절이 필요한 순간에는 내 감정을 존중하며, 상대에게 예의를 갖추어 솔직하게 표현해요.

❺ 비판은 수용하고, 비난은 흘려보내기
성장에 도움 되는 비판은 열린 마음으로 듣고, 무례한 비난은 가볍게 흘려보내요.

'참을 인' 세 번이면 호구 된다

참는 것은 미덕이다, 하지만 무조건 참기만 하면 어떤 일이 벌어지는가? 인내의 미덕은 분명 소중하다. "한 번쯤은 괜찮지", "이번에도 그냥 넘어가자"라는 식의 작은 양보가 쌓여, 상대는 결국 내 감정과 시간을 함부로 대하는 관계로 이어진다. 무조건 참기만 하면 상대방 요구는 점점 커진다. 참는 것이 쌓여 결국 나는 상대에게 만만한 존재가 된다. '참을 인 세 번이면 살인도 면한다'라는 속담이 있지만, 때로는 '호구'가 된다.

💬 호구가 되는 사람들의 특징

여러 팀이 함께 강의 프로젝트를 준비하던 때의 일이다. 막 졸업한 사회 초년병 시절, 나는 회의가 끝날 때마다 자연스럽게 뒷정리를 했다. 그때의 나는 의욕도 많았고, 막내니까 '당연히 내가 해야지'라고 생각했다. 하지만 어느 날, 선배 한 분이 다가와 "왜 뒷정리를 안 했냐?"며 타박을 했다. 순간, 모든 책임이 나에게 덧씌워지는 기분이 들었다. 항상 당연하게 뒷정리를 맡다 보니 '왜 나 혼자만 하지?'라는 억울함이 쌓이려던 찰나였다. "네가 섬세하니까", "네가 착하니까"라는 말이 처음에는 좋은 말인 줄 알았지만, 시간이 지날수록 그런 말들은 내가 일을 도맡게 만드는 명분이 되어버렸다. 살짝 거절하려 하자 돌아온 말은 "넌 원래 그런 거 잘하는 사람이잖아"였다. 나의 선한 의도가 '호구 잡기' 이유가 될 수도 있음을 알았다.

나를 호구로 생각하는 사람들에게는 특징이 있었다. **우선, 일방적으로 나에게 요구만을 한다.** 부탁은 쉽게 하지만, 고마워하지도 않고, 되돌려주려는 마음이 없다. 나의 '착함'을 당연한 것으로 여긴다. 내가 상대에게 양보하거나 배려하는 것을 특별한 것이라 생각하지 않고 자신의 기본권리처럼 받아들인다. 시간이 지날수록, 그들은 나의 배려를 이용해 점점 더 많은 것을 요구하게 된다. 이때 이 사람들이 잘 쓰는 말이 있다.

◆ **나를 호구로 생각하는 사람들이 자주 쓰는 말**

자주 쓰는 말	숨은 의도
너니까 부탁하는 거야.	책임을 미화해서 떠넘기려고 한다.
이 정도는 해줄 수 있잖아.	작아 보이게 만들고 거절하기 어렵게 만든다.
네가 하면 더 잘하잖아.	칭찬하는 척하면서 일을 자연스럽게 떠넘긴다.

이번 한 번만 부탁할게.	'한 번만'이라고 하지만, 끝이 없는 경우가 많다.
네가 착해서 부탁하는 거야	거절하면 오히려 '배신자'처럼 느끼게 만든다.

 두 번째, 선을 넘은 뒤에도 미안해하지 않는다. 부탁을 거절하거나 불편하다고 말하면 오히려 예민하다고 몰아간다. 자신의 행동이 문제였다는 자각을 하기는커녕, 거절한 나를 민감하고 까다로운 사람처럼 만든다. 결국, 상대방의 무례함은 가려

지고, 내가 '괜히 예민한 사람'이 되어버린다. 이 왜곡된 프레임 속에서 자신을 의심하게 되면, 더 쉽게 호구가 된다. "내 잘못인가?"라는 생각을 하게 만든다.

세 번째, 나의 거절을 개인적인 공격으로 받아들인다. 부탁을 거절하거나 선을 긋는 순간, 관계 자체를 흔들거나 감정적으로 반응한다. "너 변했어", "예전엔 안 그랬잖아." 같은 말로 죄책감을 자극하며 나를 다시 통제하려 한다. 거절에 대한 건강한 존중이 아닌, 내 거절을 배신처럼 여기는 태도는 결국 나를 더욱 무력하게 만든다. 결국, 이런 반응에 휘말리면 나도 모르게 다시 상대 기대에 맞추려 하게 된다.

💬 호구로 잡히는 이유

아무나 호구로 잡지는 않는다. 만만한 상대가 있다. 호구가 되는 이유는 단순하다. 그는 상대 반응을 살피며 조금씩 경계를 넘는다. 거절을 두려워하고, 관계가 깨질까봐 걱정하며, 좋은 사람으로 보이고 싶어 하는 나의 감정이 있기 때문이다. 또한 내 감정보다 상대 감정을 먼저 배려하려는 마음 때문이다. 결국, 나를 지키려는 감정보다 상대를 실망시키지 않으려는 불안이 앞서면서, 상대는 점점 더 쉽게 나를 이용한다.

호구로 이어지는 데는 단계가 있다. 처음에는 사소한 부탁으로 다가온다. "시간 있으면 이것 좀 도와줄 수 있어?"처럼 가볍게 시작한다. 처음 부탁을 들어주면, 점점 요구의 크기와 빈도가 늘어난다. "이번에도 너밖에 없어", "네가 해주면 마음이 편해." 같은 말로 부담을 준다. 거절하려고 하면, "설마 이거 하나 못해줄 거야?"라며 죄책감을 자극한다. 결국, 거절하지 못하고 계속 요구를 받아주다 보면, 상대는 나의 희생을 당연한 것으로 여긴다. 나는 점점 지치고, 나중에는 스스로 '왜 매번 나만?'이라는 생각에 괴롭게 된다.

◆ 호구가 되는 단계

단계	행동	숨은 의도
1단계	사소한 부탁으로 다가온다.	시간 되면 좀 도와줄 수 있어? (경계 시험)
2단계	부탁의 크기와 빈도가 점점 커짐	이번엔 이거까지 해줄 수 있지? (요구 확대)
3단계	거절하려 하면 죄책감 자극	설마 이거 하나 못해줄 거야? (죄책감 자극)
4단계	내 시간과 에너지 소모	내가 도와주는 것이 일상이 됨. 희생이 쌓임

5단계	내 희생이 당연한 것이 됨	고마움 없이 요구를 반복, 만만한 존재가 됨

호구가 되어가는 동안 나의 내면에서는 일이 벌어진다. 계속 응하다 보면 나의 시간과 에너지가 소모되고, 상대는 그것을 '당연한 것'으로 여기기 때문이다. 처음에는 단순한 배려였고, 작은 친절이었지만, 어느 순간부터 나는 상대방 눈치를 보고, 나의 감정보다는 상대 기대를 먼저 생각하게 된다. 결국 나는 내 시간, 내 감정, 내 에너지를 스스로 지키지 못하는 사람이 된다. 이 무너짐은 한순간이 아니라 아주 천천히, 그리고 조용히 스며든다. '한 번쯤은 괜찮겠지' 했던 작은 양보가 내 존재를 가볍게 만들고, 나조차 나를 소모시키게 만든다.

◆ 호구가 되는 동안 나에게 드는 감정 7가지

감정	숨은 의도
1. 억울함	'왜 나만 해야 하지?'라는 마음이 생긴다.
2. 혼란	"내가 너무 예민한 걸까?" 하고 스스로 의심하게 된다.
3. 죄책감	거절할 때마다 괜히 미안한 감정이 든다.

4. 무력감	'한 번만'이라고 하지만, 끝이 없는 경우가 많다.
5. 자기비하	'나는 왜 이렇게 싫다는 말을 못하지?' 하고 스스로 탓한다.
6. 분노	쌓여가는 억울함이 분노로 터질 듯하지만, 표현하지 못하고 삼킨다.
7. 공허함	'내가 이 관계에서 얻는 게 뭐지?'라는 깊은 허탈감을 느끼게 된다.

호구가 되어가는 동안, 내 안에서는 다양한 감정들이 소용돌이친다. 억울함, 혼란, 죄책감, 무력감, 자기비하, 분노, 그리고 마지막에는 깊은 공허감까지 든다. 관계를 지키려던 작은 선의가, 결국 나 자신을 잃어버리는 길로 이어지는 것이다. 처음에는 참고 넘기면 괜찮아질 줄 알았다. 하지만 억눌린 감정들은 사라지지 않고, 마음 한구석에 쌓여 무거운 짐이 된다. 결국, 나는 상대를 원망하기 전에 먼저 스스로 탓하며 더욱 작아지게 된다.

💬 호구로 잡히지 않기 위해서는

상대에게 내가 호구로 잡힌 듯한 느낌은 굉장히 불쾌한 감정이다. 존중받지 못한다고 느끼게 되면, 관계에서 나 자신이 작아진 기분이 든다. 상대에게 한번 호구로 인식되면 관계의 질

자체가 달라진다. 상대 요구는 점점 커지고, 무례함도 서서히 커질 위험이 있다. 이런 상황은 단번에 오는 것이 아니라, 아주 작은 순간들을 넘기면서 조용히 쌓인다. 따라서 미리 초반부터 나를 지키는 기준을 세워야 한다. 몇 가지 중요한 기준이 필요하다.

심리학에서는 건강한 관계를 위해 '경계(boundary)'를 명확히 설정할 것을 강조한다. 경계란, 나와 타인을 구분 짓는 심리적, 감정적, 행동적 선을 의미한다. 나의 감정과 상대의 감정을 구분하고, 상대의 서운함이나 불편함을 과도하게 내 책임으로 받아들이지 않는 것이 핵심이다. 가족치료 이론에서는 '감정적 분화(differentiation)'라는 개념을 통해, 타인의 감정에 휘둘리지 않고 자신이 선택하는 능력을 중요하게 본다. 감정적 분화가 잘 된 사람은 타인의 감정을 존중하면서 자신의 기준과 감정을 우선시할 수 있다. 이것이 타인과 관계를 잇게 한다.

호구로 잡히지 않기 위해서는 **처음부터 선을 분명히 긋는다.** 작은 부탁이라도 무조건 다 들어주지 않는다. 도와주고 싶더라도, 먼저 나의 감정을 살핀다. "이 부탁을 들어주는 게 나도 괜찮은가?"를 스스로에게 묻고, 편하지 않다면 정중히 거절해야 한다. 처음에는 어색하고 미안할 수 있지만, 초반에 세운 선이 관계의 건강한 기준이 된다. 거절할 때는 짧고 명확하게

"지금은 어렵다"라는 의사만 전달하면 충분하다. 나의 불편한 감정을 무시하지 않는다. 상대의 감정과 내 감정이 똑같이 중요하기 때문이다. 내 기준을 지키는 연습이 필요하다.

두 번째, 거절을 미안해하지 않는다. 거절은 이기적인 행동이 아니다. 내 감정과 시간을 지키는 것은 당연한 권리다. 상대 기대를 충족시키지 못한다고 해서 죄책감을 느낄 필요는 없다. 오히려 거절은 "나는 나를 존중하고 있다"라는 행위다. 거절할 줄 아는 사람만이 자신의 삶을 주도적으로 이끌 수 있다. 관계를 지키기 위해 억지로 양보하는 것이 아니라, 자신을 지키면서 건강한 거리를 유지하는 것이 진짜 관계를 지키는 방법이다. 거절은 자신의 한계를 명확히 알고 있다는 증거이기도 하다.

세 번째, 상대 감정까지 책임지려고 하지 않는다. 거절하거나 선을 긋는 순간, 상대가 서운해하거나 당황할 수 있다. 하지만 그 감정은 내가 아닌, 상대가 스스로 다뤄야 할 몫이다. 내가 거절했다고 해서 그 사람의 기분까지 책임질 필요는 없다. 상대 감정에 지나치게 끌려가다 보면, 결국 다시 나를 소모하게 된다. 건강한 경계는 '내 선택'과 '상대의 감정'을 분리해서 보는 것에서 시작된다. 한 번 거절한다고 관계가 깨지는 게 아니라, 오히려 건강한 관계는 서로의 경계를 존중하며 자란다.

💬 참지 말고, 지켜라

착한 사람과 좋은 사람은 다르다. 우리가 말하는 호구란 '만만하게 여겨져 이용당하는 사람', '손해를 보면서도 제대로 대처하지 못하는 사람'이다. 나를 지키는 작은 기준 하나가 관계의 방향을 바꾼다. 내가 나를 지키지 않으면, 누구도 나를 지켜주지 않는다. '참을 인자 세 번'이 아니라, '거절할 줄 아는 용기'가 나를 지킨다. 상대 감정을 존중하되, 내 감정도 똑같이 존중할 줄 알아야 한다. 호구로 잡히지 않는다는 것은, 나를 잃지 않는다는 뜻이다.

| Tip | **호구 잡히지 않기 위한 실천 팁**

❶ 작은 부탁도 '할 수 있는지' 먼저 생각하기

부탁을 받으면 무조건 "좋아." 하지 말고, "나는 정말 이걸 하고 싶은가?"를 먼저 자문해요.

❷ 거절할 때 이유를 과하게 설명하지 않기

"지금은 어려워." 한마디로 충분해요. 긴 설명은 오히려 죄책감을 키웁니다.

❸ '부탁'과 '요구' 구별하기

진짜 부탁은 나의 여지를 존중하지만, 요구는 내 감정을 무시합니다. 상대 태도를 눈여겨봐요.

❹ 내 감정이 불편하면 멈추기

마음에 걸리는 감정 신호를 무시하지 않습니다. 불편함은 경계선을 세우라는 신호예요.

❺ '착한 사람'보다 '건강한 사람' 지향하기

모두에게 착해지려고 하지 않습니다. 나 자신을 지키는 사람이 진짜 건강한 관계를 만들어요.

| Mission | **이번 주에 해볼 작은 미션**
(1~2개만 시도해도 충분해요.)

❶ 받은 부탁 중 하나는 정중하게 거절해보기
부탁을 받았을 때, '정중하지만 단호하게' 거절하는 연습
"미안하지만 이번엔 힘들 것 같아.", "고맙지만 이번에는 내가 어려울 것 같아."

❷ 내 감정이 불편할 때 바로 인식해보기
누군가의 말이나 행동에 불편함을 느꼈다면, 그 자리에서 마음속으로 질문하기. "지금 내가 왜 불편하지?"

❸ 부탁과 요구를 구별하는 메모하기
이번 주 동안 누군가 요청했을 때, 그 태도가 '배려'인지 '강요'인지 메모하기(나중에 되돌아보면 패턴이 보여요.)

❹ 착한 사람 콤플렉스 내려놓기 연습
모두에게 착한 사람이 되지 않아도 괜찮다는 걸 하루에 한 번 스스로에게 말하기. "나는 모두를 만족시킬 필요 없어."

❺ 거절 후 미안해하지 않기
거절한 뒤 괜히 다시 연락하거나, 변명 메시지를 보내지 않기
"나에겐 거절할 권리가 있다"라고 다짐하기

PART

무례한 상대에게 휘둘리지 않는 마음 관리법

평정심이 최고의 무기다

무례한 상대를 마주했을 때, 가장 먼저 무너지는 것은 감정이다. 억울함, 분노, 당혹감이 한꺼번에 몰려오지만, 이 감정에 휘둘리는 순간 오히려 상대에게 끌려가게 된다. 무례한 사람은 내 감정을 흔들어 불편하게 만들고, 결국 내 페이스를 무너뜨리려 한다. 하지만 감정적으로 대응하는 순간, 관계의 주도권은 자연스럽게 상대에게 넘어간다. 그래서 무례한 상황일수록 필요한 것은, 평정심을 지키는 것이다. 이때 평정심은 감정을 억누른다는 뜻이 아니다.

💬 평정심이란

심리학에서는 '평정심'을 감정을 조절하는 능력과 깊게 연결 짓고 있다. 제임스 그로스는 감정 조절 이론에서 "감정이 생기는 걸 막을 수는 없지만, 어떻게 반응할지는 조절할 수 있다"고 했다. 특히, 상황을 다르게 해석하여 감정의 영향을 줄이는 방법으로 '인지 재평가(cognitive reappraisal)'를 강조했다. 그로스 교수의 연구에 따르면, 인지 재평가는 감정의 강도를 줄이고 스트레스를 완화하는 데 효과적이라고 한다. 감정이 폭발하기 전에 상황을 재해석하는 '인지 재평가' 전략을 활용하여 평정심을 유지할 수 있다. 감정에 휘둘리지 않고 자신의 중심을 지키는 데 결정적인 도움이 된다.

'말투' 강연을 하러 갔을 때의 일이다. 강연 참석자 중 한 분이 질의응답 시간에 거칠게 자신의 의견을 토로했다. 강연 내용 중 자신의 생각과 맞지 않는 부분이 있었던 모양이다. 순간 당황스러웠지만, 바로 감정적으로 반응하지 않고 숨을 한번 가볍게 쉬었다. "이 상황을 개인적인 공격으로 받아들이지 말자." 마음속으로 다짐하고, 차분하게 말했다. "좋은 의견 감사합니다. 다시 찾아보겠습니다." 만약 그때 나도 감정적으로 맞받아쳤다면, 강의 분위기는 완전히 깨졌을 것이다. 내 감정에 휘둘리지 않고 한 걸음 거리를 둔 덕분에, 오히려 분위기는 다시 차분해졌고, 질문한 참가자도 금세 진정되었다. 그날, 나는 평정심은 무례함을 이겨내는 가장 강력한 무기라는 것을 다시 한번 깨달았다.

평정심이란, 감정이 올라오는 것을 억압하거나 부정하는 것이 아니다. 올라오는 감정을 인식하고, 적절하게 다루는 것이다. 핵심은, 감정을 느끼되 감정에 끌려가지 않는 것이다. 내가 느낀 불쾌함을 인정하되, 바로 반응하지 않고 나의 중심을 유지하는 것. 감정에 휘둘리지 않고, 한 걸음 거리를 두고 상황을 바라볼 수 있을 때, 오히려 상대는 더 이상 나를 흔들 수 없다. 감정을 폭발시키는 대신, 조용히 나를 지키는 것. 그것이 무례함을 이겨내는 가장 지혜로운 방법이다. 결국, 싸워야 할 대상은 상대가 아니라 흔들리는 내 마음이다.

감정에 휘둘리는 순간, 우리는 관계의 주도권을 잃고, 상대방의 말이나 행동에 끌려가게 된다. 특히 무례한 상황에서는, 감정적 반응 하나가 오히려 나를 더 약한 입장으로 만든다. 반면, 평정심을 유지하면 예상한 반응이 나오지 않기 때문에 상대도 더 이상 쉽게 흔들 수 없다. 휘몰아치는 감정 속에서도 한 걸음 물러서서 바라볼 수 있을 때, 나는 내 감정의 주인이 되고, 관계의 흐름을 스스로 선택할 수 있다. 평정심은 나를 소모시키는 감정 소란을 잠재우고, 내 중심을 더욱 단단하게 만든다. 결국, 평정심은 상대를 이기는 것이 아니라, 흔들리는 내 마음을 다스림으로써 나를 지키는 것이다.

💬 감정을 바로 터트리지 않는다

무례한 상황을 마주했을 때, 가장 쉬운 반응은 감정을 터뜨리는 것이다. 억울함, 분노, 당황스러움이 한꺼번에 몰려들면,

순간적으로 말이 거칠어지고, 표정과 행동이 날카로워진다. 하지만 감정을 바로 터뜨리는 순간, 오히려 내가 손해를 본다. 상대는 내 반응을 보고 더 큰 공격을 시도하거나, 상황을 자신에게 유리하게 끌고 갈 수 있다. 감정은 바로 반응할수록 나를 취약하게 만든다. 따라서 감정이 올라올 때는 우선 속도를 늦추어야 한다. '지금 느끼는 이 감정은 자연스러운 것이다. 하지만 당장 행동으로 옮길 필요는 없다.' 마음속으로 이렇게 다짐하는 것만으로도 충분하다. 한 박자만 늦춰도 상황을 보는 시야가 달라진다.

감정이 올라오는 순간, 속으로 세 번 숨을 깊게 쉬어보자.
짧은 침묵은 결코 약함이 아니다. 오히려 자신의 감정을 스스로 다룰 줄 아는 사람만이 관계 속에서 중심을 지킬 수 있다. 감정을 다룬다는 것은 억누르는 것도, 무시하는 것도 아니다. 느낀 감정을 인정하되, 바로 터뜨리지 않고 '잠시 머무르는 힘'을 기르는 것이다. 즉각 반응하려는 충동을 멈추고, 몸의 긴장을 푸는 것이 먼저다. 마음의 속도를 늦추는 가장 빠른 방법이다. 즉각적인 말과 행동을 '보류'하자. 지금 하고 싶은 말, 하고 싶은 행동이 있다면 바로 하지 않는다. "지금은 말하지 않는다. 잠시 시간을 갖는다"고 마음속으로 정리한다. 침묵을 사용한다.

감정이 올라오는 순간, 상황을 '거리 두고' 바라본다. 감정에 몰입하지 않고, 한 걸음 물러나 제3자 입장으로 관찰하는 시선을 갖는다. "지금 내 앞에 벌어지는 이 일은 객관적으로 어떤 상황인가?"를 자문해본다. 감정이 올라오는 순간, 상황을 '거리 두고' 바라보는 것도 중요하다. 감정에 몰입하지 않고, 한 걸음 물러나 관찰하는 시선을 갖는다. 거리 두기는 감정의 파도에 휩쓸리는 대신, 스스로 중심을 잡게 해준다. 상황을 외부자처럼 바라볼 수 있을 때 감정은 훨씬 빨리 가라앉는다. 무례한 상황 속에서도 '어떤 선택이 나를 지키는가?'를 차분히 판단할 수 있게 된다.

◆ 거리 두고 바라보기 질문

질문	질문 속 의미
1. 지금 이 상황이 정말 긴급한가?	정말 즉시 반응해야 할 일일까?
2. 상대의 말이 나의 진짜 모습과 일치하는가?	내 모습과 다를 수 있다.
3. 이 감정은 1주일 후에도 중요할까?	지금 휘둘릴 이유가 줄어든다.
4. 상대 행동은 그 사람 문제일 수 있지 않을까?	나를 깎아내릴 이유는 없다.
5. 나에게 필요한 것은 감정적 반응인가?	어떤 선택이 나를 지키는가?

이렇게 자문하는 것만으로도 감정에 끌려가는 대신 상황을 주도적으로 바라볼 수 있다.

감정이 올라오는 순간, 감정을 '이름 붙여' 인식한다. '나는 지금 억울함을 느끼고 있어', '나는 지금 분노를 느끼고 있어'와 같이 감정을 구체적으로 인식하면, 감정에 휘둘리는 힘이 약해진다. 감정에 이름을 붙여 인식하는 것은, 내 안에서 일어나는 감정의 정체를 명확히 밝혀주는 작업이다. 막연한 불편함이 아니라, "이건 억울함"이라든지 "이건 서운함"처럼 구체적으로 구분하는 순간, 감정에 끌려가는 것이 아니라 감정을 '바라보는' 내가 될 수 있다. 감정을 바라볼 수 있을 때야말로 그 감정에 휘둘리지 않는 힘이 생긴다. 감정은 인식되는 순간, 이미 반쯤 다루어진 것이라고 할 수 있다.

💬 무례함에 평정심으로 대응하는 법

상대가 나에게 쓰레기를 던졌을 때, 내가 아무 반응도 보이지 않으면 그 쓰레기는 내 것이 아니다. 하지만 그 쓰레기를 줍거나 되받아치면, 그 순간 온전히 나의 몫이 되어버린다. 무례한 말을 들었을 때는 '모른 척'이 오히려 더 강력한 대응이 될 수 있다. SNS를 운영하면서 근거 없는 비난에 시달린 적이 있었는데, 이 전략이 내게는 큰 도움이 되었다. 무례에 감정적으로 반응하는 순간, 나는 그 게임에 끌려 들어가게 된다. 설득하려 해도 소용없다. 그 주장 자체가 터무니없을 때도 많기 때문이다. 거기에 내 에너지를 쏟기보다는, 내 시간을 더 의미 있는 일에 써야 한다. 내 반응은 내 선택이다. 어떤 상황에서도 나의 중심을 지킬 수 있다.

무례한 말에 우선, 반사적으로 반응하지 않는다. 반응하지 않는 것도 적극적인 대응이다. 무례한 말을 듣는 순간 억울하고 답답할 수 있다. 하지만 그 자리에서 바로 감정을 터뜨리거나 상대를 설득하려 들면 오히려 내 에너지만 소모된다. 이런 때에는 침묵이 최고의 방어다. '이 사람은 이렇게 반응하는구나.' 하고 마음속으로만 정리하고 넘어간다. 감정을 행동으로 옮기지 않고, 한 번 걸러서 선택하는 힘이 무례함 앞에서 평정심을 지키는 가장 현명한 방법이다.

다음으로, 경계 넘음은 바로잡되 싸우지 않는다. 상대가 선을 넘었을 때, 참고 넘어가면 그 사람은 몰라서라도 계속해서 경계를 침범한다. 참는다고 해서 관계가 좋아지지 않는다. 오히려 나를 존중하지 않는 관계로 굳어질 위험이 크다. 조용하지만 분명하게 "여기까지입니다"를 알려야 한다. 나의 경우에는 상대에게 불편을 느끼게 되면 단호하지만 좋은 말투로 '저기요, 선 밟으셨어요'라고 알린다. 무례함을 지적하기보다 "나는 이 선을 지킬 것입니다"라는 태도를 보여주는 것이다. 싸움은 상대를 바꾸려는 시도이고, 선 긋기는 나를 지키는 선택이다.

마지막으로, 무례한 상대를 바꾸려 하지 않는다. 초점은 항상 나이다. 상대가 변하기를 기대하거나 내 진심을 알아주기를 바라다 보면, 결국 또다시 실망하고 지치게 된다. 무례한 사람을 바꾸는 것은 내 힘으로 할 수 있는 일이 아니다. 그러나 나 자신을 지키는 것은, 오롯이 내 힘으로 할 수 있다. 상대를 바꾸려는 대신, "나는 내 감정과 시간을 스스로 지킨다"와 같이 내 쪽의 기준을 세워야 한다. 상대가 어떤 말을 하든, 어떤 태도를 보이든, 내가 나를 지킬 수 있다면 이미 이긴 것이다. 변화를 기대하는 대신, 나를 지키는 선택을 한다.

◆ 무례한 상황에서 나를 지키는 3단계

단계	구체적 행동	핵심 메시지
1단계	반사적으로 감정에 반응하지 않는다.	감정은 느끼되, 행동은 멈춘다.
2단계	경계 넘음은 조용히 선을 긋는다.	단호하게 경계를 세운다.
3단계	상대를 바꾸려 하지 않고 나를 지킨다.	초점을 상대가 아닌 '나'에게 둔다.

평정심은 최고의 방패다

무례한 상황에서 가장 중요한 것은 상대를 이기거나 설득하는 것이 아니다. 내 감정을 다치지 않게 지키고, 내 삶의 중심을 흐트러뜨리지 않는 것이다. 평정심은 타고나는 성질이 아니라,

선택하고 훈련하는 힘이다. 상대가 던진 무례함을 받아들이지 않고, 나의 시간을, 감정을, 에너지를 스스로 선택할 수 있을 때 비로소 나는 어떤 상황에서도 나를 잃지 않는다. 무례한 상대를 이기는 가장 강력한 방법은 상대에게 끌려가지 않고 나를 온전히 지키는 것이다.

| Tip | 마음을 지키는 실천 팁 5가지

❶ 심호흡 세 번 하기

감정이 올라오는 순간, 숨부터 천천히.
천천히, 깊게 숨을 들이쉬고 내쉬면서 감정의 파도를 늦춰요.

❷ 상황을 머릿속으로 '캡처'하기

'지금 벌어지는 장면'을 사진처럼 머릿속에 그려봐요.
감정이 아니라 '상황' 자체를 있는 그대로 바라보는 연습입니다.

❸ 마음속에서 한 문장으로 정리하기

"지금 이 사람은 무례하다."
"나는 지금 화가 나려고 한다."
짧고 간결한 문장으로 마음을 정리하면 감정이 구체화되고, 휘말림을 줄일 수 있어요.

❹ 반응을 5초간 늦추기

바로 말하거나 바로 행동하지 않아요.
속으로 '하나, 둘, 셋, 넷, 다섯'을 세면서 시간을 끌면 감정의 쏠림을 방지할 수 있어요.

❺ '내가 지켜야 할 것은 감정이 아니라, 나 자신이다'를 떠올리기

감정이 무너지더라도 '자신'을 지키는 것이 더 중요해요.
'내 평정심 = 내 품격'이라는 생각으로 중심을 잡아요.

관계의 저울추를 내 쪽으로 옮겨라

우리는 종종 관계에서 중심을 잃는다. 상대의 말 한마디, 표정 하나에 과도하게 흔들리고, 나도 모르게 상대 기대에 맞추려고 애쓸 때가 있다. 이런 일은 왜 일어날까? 그것은 관계 중심이 내가 아닌 상대 쪽으로 기울어져 있기 때문이다. 나의 감정과 시간, 에너지가 상대방의 리듬에 맞춰 소모되다 보면, 시간이 갈수록 나는 점점 나를 잃게 된다. 가장 먼저 무너지는 것은 내 마음의 균형이다. 그렇다면 왜 이런 불균형은 반복되는 것일까?

💬 관계 불균형의 이유

'이 말을 하면 상대가 싫어하지 않을까?', '실망했을까?', '거절하면 관계가 멀어지는 건 아닐까?'와 같은 걱정들은 나도 모르게 내 행동 기준을 상대방의 감정과 반응에 두도록 만든다. 이 안에는 상대에게 거절당할까봐 두려운 마음, 갈등을 피하고 싶은 마음 등과 같은 불안이 숨어 있다. 이런 생각들은 자신보다 상대를 더 신경 쓰게 만들기 때문에 '나답지 않은 관계'를 만든다. 점점 관계에서 중심을 잃고, 상대에게 휘둘리게 된다.

대학 시절, 나 역시 이런 불안을 강하게 느꼈던 적이 있다. 모임 분위기를 즐겁고 웃기게 띄워야 한다는 압박감이 있었다. 모두가 재미있게 웃을 때는 괜찮았지만, 내가 던진 농담에 아무도 반응하지 않으면 마음이 심하게 위축되었다. 괜히 친구들이 '나를 싫어하는 건 아닐까, 내가 무능력해 보이지는 않을까?' 하는 불안이 커졌다. 사실 문제는 내 안에 있었다. 누가 나에게 분위기를 좋게 만들라고 한 것도 아닌데, 나 혼자 생각으로 분위기는 좋아야 한다는 강박에 시달리며, 사람들 반응을 통해 끊임없이 내 가치를 확인받으려 했던 것이다. 지금 생각해보면, 그것은 나 스스로에 대한 신뢰 부족에서 비롯된 것이었다.

인간관계 균형이 무너지는 가장 큰 이유로, 심리학에서는 자기 신뢰 부족을 관계 불안의 핵심 원인으로 본다. 나의 능력과 가치를 믿지 못할 때, 인간관계에서도 불안은 깊어진다. 스스로에 대한 신뢰가 부족하면, 미래에 희망을 품기보다 과거에 대한 후회에 사로잡히기 쉽다. '그때 왜 그렇게밖에 행동하지 못했을까?', '그 말을 하지 말았어야 했는데.' 등 여러 생각들이 머릿속을 맴돈다. 더 나아가 '나는 왜 이 정도밖에 안 되는 걸까?'라는 자기 의심이 생긴다. 그 의심이 자신감을 잃게 만들고, 결과적으로 상대에게 인정받고자 하는 심리를 부추기게 된다.

심리학자 칼 로저스(Carl Rogers)는 조건부 긍정적 존중(Conditional Positive Regard)이라는 개념을 사용해서 타인의 의존을 설명했다. 그는 "어린 시절부터 조건부 사랑('너는 이럴 때만 사랑받을 수 있어')을 경험한 사람은, 타인의 인정을 통해서만 자기 가치를 느끼려 한다"고 말했다. 이런 사람은 항상 "나는 충분히 괜찮은 사람인가?"를 외부 평가로 확인하려고 하고, 인간관계에서 불안과 눈치를 심하게 경험한다고 한다. 무조건적 자기 수용 경험이 부족하여, 인간관계에서 과도한 인정 욕구로 인한 불안을 겪게 된다는 설명이다.

자기 신뢰가 부족할수록 타인을 통해 자신을 확인하려는 욕구는 더욱 강해진다. 상대가 나를 어떻게 평가할지 불안해하고, 관계가 끊어지면 마치 내 존재 가치 자체가 부정당한 것처럼 느낀다. 이로 인해 상대에게 과하게 매달리거나, 반대로 모든 것을 포기하고 무력감에 빠지기도 한다. 타인의 인정 없이는 스스로 지탱할 수 없다는 불안이 생기고, 관계는 더욱 불안정해진다. 결국 과도한 의존으로 인해 삶의 중심을 잃게 된다.

💬 건강한 관계는 어떤 모습일까?

학창 시절엔 '친구는 많으면 많을수록 좋다'고 생각했다. 성격이 다르더라도 참고 넘어가고, 가기 싫은 모임도 억지로 참석했다. '다 가니까 나도 껴야지'라는 생각이었다. 하지만 시간이 지나면서 함께 있기는 했지만, 그 시간은 소모적인 이야기로 채워졌고, 돌아오는 길엔 마음이 어딘가 헛헛했다. 서로의 진짜 마음을 나누었다기보다는 분위기를 맞추고, 얼굴도장만 찍고 온 기분이 들었다. 이런 나에게 변화가 찾아온 건, 책을 쓰고 작가분들을 만나면서부터다. 이분들과는 1년에 고작 한두 번이나 볼까인데, 만나면 늘 대화의 밀도가 깊고 헤어질 땐 마음이 따뜻해진다. 자주 만나지 않아도 충분히 연결되어 있다고 느낀다. 괜찮은 관계란 과연 어떤 관계일까?

괜찮은 관계, 건강한 관계는 어떤 기준으로 판단할 수 있을까? **우선, 건강한 관계엔 심리적 안전감이 있다.** 말실수 하나에 흔들리지 않는다. 그 사람 앞에서는 내 감정을 감추지 않아도 된다. 기뻐도, 속상해도, 오늘따라 기운이 없어도 굳이 설명하거나 밝은 척하지 않아도 괜찮다. 감정을 솔직하게 표현해도, 그걸 '네가 예민한 거야'라거나 '왜 그래?'라는 말로 평가하지 않는다. 오히려 "그랬구나", "나였어도 그랬을 것 같아." 같은 말로 내 마음을 헤아려준다. 이런 관계는 나를 더욱 진실한 사람으로 만들어준다. 감정을 나눌 수 있는 여유와 비판 없는 수용이 있다. '맞춰주는 관계'가 아니라 함께 가꾸는 관계다.

두 번째, 서로의 경계선을 존중한다. 건강한 관계는 기대하지 않고 표현하고, 강요하지 않고 조율하는 관계다. "당연히 이 정도는 해줄 것이라 생각했어"라는 말보다, "이럴 땐 이렇게 해줬으면 좋겠어"라고 말하는 사람. 나도 내 감정을 솔직하게 표현하고, 상대도 그 감정을 무겁게 받아들이지 않고 조율하려는 태도가 있다면 그 관계는 서로의 자유와 주체성을 지켜주는 관계다. 경계가 무너지는 관계는 종종 친밀함을 핑계로 무례함을 허락한다. 하지만 진짜 친밀한 관계는 오히려 경계를 더 섬세하게 살핀다. '나도 소중하고, 너도 소중하다'는 마음이 바탕에 있을 때, 우리는 상대를 조종하려 하지 않고 함께 방향을 맞추려 한다.

세 번째, 자주 보지 않아도 마음이 이어지는 관계다. 건강한 관계는 꼭 자주 만나고, 매일 연락하지 않아도 된다. 각자의 시간을 존중할 줄 아는 관계다. 연락이 뜸해졌다고 서운함으로 몰아붙이지 않고, 오랜만에 연락이 닿아도 어색하지 않게 이어지는 사람. 그런 관계는 만나면 어제 본 사람처럼 편안하고, 대화는 허튼 말 없이 깊고 진솔하다. 그 사람과의 만남은 나를 긴장시키지 않는다. 오히려 나 자신에게 집중하게 만들어준다.

그래서 헤어지고 나면 마음이 차분해지고, '참 잘 만났다'는 생각이 든다. 결국, 관계의 건강함은 횟수가 아니라 깊이로 판단된다. 빈도보다 진심, 말의 양보다 감정의 질이 남는다.

사람은 사람에게서 가장 큰 영향을 받는다. 특히 가까운 관계일수록 그 영향력은 긍정이든 부정이든 더욱 깊고 강하게 작용한다. 누군가 웃기 시작하면 모두가 따라 웃고, 한 사람이 불안해지면 옆 사람도 덩달아 긴장한다. 우리는 그렇게 서로의 감정과 태도에 날마다 영향을 주고받으며 살아간다. 그래서 인간관계를 점검하고 싶다면, 문제가 되는 '그 사람'만 보기보다 그와 나 사이의 관계 패턴을 들여다보아야 한다. 나는 지금 얼마나 진심을 나눌 수 있는 관계 속에 있는가? 건강한 관계는 나를 더 나답게 살게 하고, 감정을 솔직하게 표현할 수 있게 만든다. 결국 좋은 관계란, 나를 더 좋은 사람으로 살아가게 해주는 관계다.

💬 관계의 추를 내 쪽으로 하는 법

좋은 관계를 지속하고 유지하기 위해서 나는 무엇을 할 수 있을까? 건강한 관계일수록 내 중심을 단단히 세워야 오래 지속될 수 있다. 그 시작은 거창한 것이 아니라, 아주 사소한 실천들에서부터 가능하다. 무엇보다 중요한 건, 감정의 주체가 '상대'가 아닌 '나'라는 걸 인식하는 것이다. '이 관계에서 내가 기대하고 있는 것은 무엇인가?'와 같은 자기 성찰적 질문은 관계의 저울추를 내 쪽으로 옮기는 데 큰 도움이 된다. 관계의 중심을 내 쪽에 두는 일은, 결국 내가 나를 어떻게 대하느냐에서 시작된다.

가장 먼저, 나의 감정을 인식한다. 감정을 인식해야 비로소 나 자신에게 질문할 수 있다. 지금 내 마음은 어떤지를 스스로 점검한다. 내가 어떤 상태인지 자주 묻는 습관을 들이면 관계의 중심을 찾는 데 도움이 된다. 내 감정의 위치를 찾는 것이라고 할 수 있다.

◆ 감정을 인식하기 위한 자기 질문 5가지

1. 지금 내가 느끼는 감정은 정확히 어떤 이름일까? (감정을 정확히 명명)
2. 방금 그 대화 속에서 나는 내 기분을 말했는가, 숨겼는가? (솔직성 점검)
3. 이 감정이 나에게서 비롯된 걸까, 상대 반응에서 생긴 걸까? (감정 발생 지점 파악)
4. 이 감정을 말했을 때, 나는 어떤 반응을 기대하고 있는

가? *(감정 표현의 목적)*

5. 이 관계 속에서 반복되는 내 감정 패턴은 무엇인가? *(감정 흐름 파악)*

두 번째, 상대와의 거리를 조절한다. '느슨한 연대'라는 말이 있다. 서로 지나치게 얽히지 않지만, 필요할 때는 연결되는 유연한 관계다. 함께 있어도 숨 막히지 않고, 멀어져 있어도 끊기지 않는 거리 개념이다. 특히 관계의 밀도보다는 존중과 자율성을 중요시하는 관계다. 예전처럼 매일 연락하지 않아도 괜찮고, 모임에 빠졌다고 해서 미안해할 필요도 없다. '왜 연락이 없었어?'보다는 '괜찮아, 잘 지냈어?'라고 말해주는 사람들의 관계는 강한 유대감보다는 부드럽고 안정적인 연결감을 추구한다. 느슨한 연대는 '소홀함'과는 다르다. 오히려 각자의 삶을 충분히 존중하면서도, 마음은 연결된 상태다. 건강한 관계는 밀착이 아니라 존중이다.

세 번째, "나는 괜찮은 사람이다"라는 확언을 습관화한다. 자기 신뢰를 강화하면 관계 속에서 생기는 불안을 줄일 수 있다. 혼자 있을 때 외롭다고 해서, 나를 잃어가며 잘못된 관계를 붙잡을 필요는 없다. 내가 힘들면 거절해도 괜찮다. 내 마음도 중요하다는 것을 스스로 인정한다. 내가 무너지고 있는데 타인에게 진심 어린 친절을 베풀 수는 없다. 세상에 그런 지속적인 이타는 없다. 내가 괜찮아야, 관계도 괜찮아질 수 있다.

💬 관계의 중심은 나를 사랑하는 일

관계의 중심을 나에게로 되돌리는 것은 결국 나를 더 사랑하는 일이라 할 수 있다. 나의 감정을 살피고, 거리를 조절하고, 스스로 다독이는 실천들은 모두 나에 대한 따뜻한 애정에서 출발하기 때문이다. 이러한 실천들이 모이면 비로소 상대에게 끌려가지 않으면서도 따뜻하게 연결된 진짜 관계가 만들어진다. 나를 지켜주는 울타리가 된다. 상대와의 건강한 관계도 지속할 수 있다. 이제부터는, 누군가에게 맞추기보다 나를 먼저 챙기는 연습을 시작하자. 내가 나를 이해하고 돌보는 사람이 될 때, 비로소 누군가에게도 진심을 줄 수 있다. 관계는 결국, 나로부터 시작되어야 건강하게 오래간다.

| Tip | 관계의 중심을 나에게로 되돌리는 실천법

❶ 하루에 한 번, 내 감정을 글로 적어보기
→ "지금 내 기분은 어떤가요?"라고 스스로에게 묻고, 그 이유를 짧게 적어보세요. 감정을 인식하는 습관이 관계에서 나를 지키는 첫걸음이 돼요.

❷ '미안해' 대신 '고마워'를 더 자주 말하기
→ 지나치게 사과하는 습관은 나를 작게 만듭니다. "늦어서 미안해요"보다는 "기다려줘서 고마워요"라고 말해보세요.

❸ 만남 후, 마음이 편안했는지 스스로에게 묻기
→ 함께한 시간이 즐거웠는지, 아니면 지쳤는지 돌아보세요. 감정을 기준으로 관계의 방향을 점검해볼 수 있어요.

❹ 작은 거절부터 연습하기
→ 하기 싫은 부탁을 받았을 때, 단호하지만 부드럽게 표현해보세요. "지금은 어려울 것 같아. 다음에 도울게"처럼 관계를 해치지 않으면서도 나를 지키는 말은 분명히 가능해요.

❺ 하루에 한 번, 나 자신에게 이렇게 말해보기
→ "나는 맞춰주지 않아도 괜찮은 사람이야." 자기 확언은 나를 중심에 두고 살아가게 해주는 가장 단단한 힘이에요.

마음의 굳은살을
마음의 근육으로 바꾸기

　TV 프로그램 〈금쪽 상담소〉에서 가수 에일리가 이런 말을 한 적이 있다. 사람들이 자신에게 살이 찌면 살 빼라고 하고, 살을 빼면 "너무 빠져서 보기 싫다"고 한다는 것이다. "어떤 의견에 저를 맞춰야 할지 모르겠어요. 저는 원래 남의 눈치를 잘 안 보던 성격인데, 언젠가부터 대인기피증이 생겼어요." 에일리의 이 말이 마음에 오래 남았다. 내가 어떤 걸 하든, 나를 비난하고 싫어할 사람은 분명히 있다. 반면, 나를 믿어주고 좋아해줄 사람은 어떤 상황에서도 내 곁에 남는다. 모두에게 잘 보이려 애쓰기보다, 있는 그대로의 나를 드러내고 그 솔직한 나를 좋아하는 사람들과 시간을 보내는 편이 훨씬 낫다.

💬 나만 상처를 받으면?

　상대의 말에 상처를 받아봤자, 손해는 늘 나의 몫이다. 정작 그런 말을 한 사람은 아무렇지도 않다. "나한테 어떻게 그런 말을 할 수 있지?" 싶을 정도로 무례한 말을 당당하게 내뱉는 사람들도 있다. 예전에는 그 한마디 한마디에 심하게 흔들렸지만, 이제는 그런 말에 감정을 담지 않기로 했다. 왜냐하면 내가 상처받아도 상대는 전혀 미안해하지 않는다는 걸 알게 되었기 때문이다. 그럴 땐 그냥 담담하게 말하면 된다. "지금 그 말, 좀 선 넘었어." 무례한 말에는 무례하게 맞서기보다, 선만 분명히 그어주는 것이 효과적이다. 내가 상처받는다고 해서, 상처를 준 사람이 반성하지는 않는다. 그들은 애초에 배려심이 부족하고, 그걸 고칠 생각도 없는 경우가 대부분이기 때문이다.

상처를 곱씹고 또 곱씹으면 결국 확대 해석을 하게 된다. "내가 진짜 그런 사람인가?", "내가 너무 예민하게 받아들인 건가?" 정작 상대는 아무 생각 없이 내뱉은 말일 수도 있다. 그걸 내가 자꾸 해석하고 의미를 붙이면 결국 나 혼자 상처받고 나 혼자 고통받게 된다. 심해지면 모든 말이 다 나를 향한 비난처럼 들릴 수도 있다. "뭐지, 날 무시하는 건가? 내가 그렇게 만만한가?"라는 식으로 계속 감정이 반응하면, 어떤 말에도 평정심을 유지하기 힘들다. 상대의 말 한마디에 너무 많은 의미를 부여하지 않아야 한다.

불편한 말을 계속 마음속에 담고 있으면, 되는 일도 안 되고, 건강도 상한다. 누군가의 말 한마디에 밤잠을 설치는 경험은 아마 누구나 한 번쯤은 해봤을 것이다. 물론 그런 말을 한 사람이 잘못이다. 하지만 그 말을 계속 품고 있는 건 이제 내 몫이다. 그 말은 그저 스쳐 지나가게 두면 된다. 괜히 그 한마디에 사로잡혀 내가 스트레스를 받고 괴로워할 필요는 없다. 스트레스가 쌓이면 결국 내 삶 전체가 흔들린다. 그리고 나중에 "네가 그런 말 해서 내 인생이 망가졌어"라고 상대에게 되묻는 건, 사실 책임 회피일 수 있다. 결국 어떻게 받아들이느냐는 '내 선택'이다. 내 인생에 집중하자.

이 모든 것을 한 번에 해결할 수 있는 가장 강력한 방법은 내가 지금 하는 일에 집중하는 것이다. 일이 잘 풀리기 시작하면, 그런 말 한마디 한마디가 아무렇지 않게 느껴진다. 쓸데없는 일에 신경을 쓸 여유도 없다. "자기 인생이 별 볼 일 없을수록, 남 얘기로 시간을 보낸다"라는 말처럼, 남의 말 한마디에 휘둘릴 시간에 내가 하는 일에 더 집중한다. 내 일을 더 잘할 수 있도록 하는 방법들을 고민하며 해나가다 보면, 남는 건 내가 해낸 일과 나의 단단한 중심이다.

💬 마음 근육 키우기

모든 말에 반응하지 않아도 된다. 내가 지켜야 할 건 모든 관계가 아니라, 내 마음의 평온이다. 상대의 말 한마디에 무너지지 않으려면, 그 말이 내 안에 오래 머물지 않도록 툭툭 털어내는 연습이 필요하다. 마음의 굳은살은 감정을 숨기게 만들지만, 마음의 근육은 상처를 품고도 다시 나아가게 해준다. 나를 향한 말이 아프게 느껴질수록, 나는 나를 더 단단하게 지켜야 한다. 이제는 무례한 말보다 내 하루를 잘 살아낸 나 자신에게 더 많은 관심을 주자. 그렇게 하루하루 마음의 근육이 자란다.

상처받았을 때는 **우선 그 내용을 기록으로 정리한다**. 누군가의 말이 마음에 남았을 때, 무작정 참기보다 그 말을 들은 순간의 감정과 내 반응을 간단히 적는다. 머릿속에만 남겨두면 감정이 커지지만, 글로 옮기면 감정은 '거리'를 갖게 된다. '상처'가 '정리'로 바뀐다.

◆ 기록하는 법 5가지

1. 그 말을 들은 상황을 간단히 적는다.
   ➡ '사건 중심'으로 짧게 쓴다.
2. 그 말을 들은 내 감정에 이름을 붙인다.
   ➡ "무시당한 느낌"처럼 구체적인 감정어를 쓴다.
3. 내 안에서 떠오른 자동 생각을 적는다.
   ➡ 직후 내 안의 스친 생각을 그대로 쓴다.
4. 그 생각이 사실인지 되물어본다.

➡ "이게 정말 사실일까?"와 같은 반문을 적는다.
5. 나에게 해주고 싶은 말로 마무리
➡ 마지막에는 자신에게 따뜻한 말 한 줄을 남긴다.

두 번째, 내가 존중받았던 순간을 떠올린다. 내가 존중받았던 순간은 스스로 되새기지 않으면 잊히기 쉽다. 좋아하는 사람들과 즐거웠던 시간을 생각하는 것이 좋다. 상처에만 집중하면 나라는 존재가 흐려진다. 좋아하는 사람들과 함께 웃었던 시간, 내 진심에 누군가가 공감해주었던 말, "너 그런 모습 멋있더라", "난 네가 진심인 게 느껴져." 같은 말들과 기억들은 상처를 밀어내는 정서적 면역력이 된다. 나는 존중받아 마땅한 사람임을 확인할 수 있다.

◆ **내가 존중받았던 순간을 떠올리는 법 3가지**

1. '고맙다'는 말을 들었던 순간 떠올리기
➡ "너 아니었으면 안 됐을 거야. 너무 든든해."
2. '내가 진심을 다했을 때'를 떠올리기
➡ 열심히 준비한 발표, 친구를 도와준 내 모습
3. 사진이나 메시지를 꺼내 보기
➡ 함께 웃던 사진, 카톡 메시지, 응원했던 쪽지 등

실제 흔적을 꺼내면 기억은 훨씬 생생해지고, 감정도 빠르게 회복될 수 있다

세 번째, 마음이 복잡할 땐 '행동'으로 전환한다. 지금 당장 집중할 수 있는 '작은 일' 하나에 몰입한다. 감정은 생각 속에서만 커진다. 반면, 몸을 움직이면 감정도 조금씩 움직인다. 머릿속에 상처난 말들이 맴돌 때는, 얘기를 반복하거나 분석하려 들기보다 지금 할 수 있는 작은 일 하나를 한다. 내 경우에는 방 청소나 책상 정리를 다른 날보다 더 깨끗하게 한다. 책상 정리, 산책, 설거지, 글쓰기, 스트레칭 등, 사소한 행동이라도 '지금 이 순간'을 회복하는 데는 충분하다. 무례한 말보다 내가 해낸 행동 하나가 더 오래 남는다.

상처받지 않는 사람이 강한 게 아니라, 상처받아도 다시 걸어 나올 수 있는 사람이 단단한 사람이다. 우리는 마음의 굳은살로 아픔을 피할 수도 있지만, 그보다 더 건강한 방법은 근육처럼 유연하고 회복력 있는 마음을 키우는 것이다. 감정을 기록하고, 나를 아껴준 순간을 떠올리고, 작은 행동으로 감정을 흘려보내는 연습을 하자. 그렇게 오늘 하루의 감정을 잘 정리한 당신은 어제보다 훨씬 단단해진 마음의 근육을 갖게 된다.

💬 상처보다 더 강한 힘, 내 안의 발전감

유튜브에 있는 누군가의 댓글 한마디에 한때 흔들렸던 적이 있었다. 아무렇지 않게 던진 나에 대한 평가에 예전의 나는 한참을 고민했었다. 하지만 시간이 흐르면서 그 고민은 좀 더 나은 나로 발전해야겠다는 결심으로 변했다. 내가 다시 심리학을 전공으로 선택하게 된 이유이기도 하다. "나는 지금 조금씩 나아지고 있는가?"라는 질문에 고개를 끄덕일 수 있다면, 세상이 아무리 거칠어도 마음은 쉽게 무너지지 않는다. 바로 '발전감'이 주는 내면의 힘이다. 남이 나를 판단할 틈이 없을 만큼 내 일에 몰입하고, 내 감정에 집중한다.

'발전감'은 내가 조금씩 나아지고 있다는 주관적인 감각을 의미한다. 아론부부(Aron & Aron, 1986)가 제안한 자기 확장(Self-expansion) 이론에서는 사람은 타인과의 긍정적인 상호작용이나 새로운 경험을 통해 '자기(self)'를 확장하려는 욕구를 지닌다고 설명했다. 즉, 우리는 관계 속에서 새로운 정체성, 기술, 관점 등을 받아들이며 스스로 '더 나은 나', '더 풍부한 나'로 성장한다는 것이다. 눈에 띄는 성취가 없어도, 오늘의 나와 어제의 내가 다르다고 느끼는 순간, 외부의 인정보다 더 오래 가는 안정감이 찾아온다. 이 '발전감'은 작은 변화에도 의미를 부여하게 만들어 자신을 긍정적으로 바라보게 된다. 무례한 말이나 타인의 평가에 쉽게 흔들리지 않는 사람들은 이 '내면의 성장감'을 꾸준히 느끼는 사람들이다.

'발전감'은 단순한 성취감이 아닌, 자기 확장 과정에서 자연스럽게 피어나는 감정이다. 도전을 통해 성장할 때 우리는 '지금의 나'를 넘어서려는 동기를 얻게 되고, 그 과정에서 결국 더 단단한 자아가 만들어진다. '발전감'을 잘 느끼는 사람은 외부의 말에 쉽게 흔들리지 않는다. 자신이 경험을 통해 달라지고 있다는 감각을 느끼고, 누군가와의 관계 속에서 내 감정이 더 깊어지고 있다는 인식을 한다. 새로운 시도에서 배움을 얻는 순간들이 모두 자기 확장의 일부라 할 수 있다. 특히 도전적인 일로 지적인 사람과 의미 있는 관계를 맺을 때나 기존의 나를 넘어서려 할 때 자기 확장성이 활발히 작동한다. 자존감 회복, 정서적 만족감, 관계 만족도까지 높아진다.

◆ 발전감을 느끼는 5가지 방법

1. 작은 변화 기록하기
➡ "어제와 달라진 나" 쓰기. 자신의 성장을 '보는 힘'이 생긴다.
2. 비교 기준을 '남'이 아닌 '어제의 나'로 바꾸기
➡ 이렇게 하면 발전은 매일 발견된다.

3. 시행착오도 성장의 일부로 인정하기
➡ 실패조차도 성장의 자산이 된다.
4. 과정을 자주 들여다보기
➡ '지금도 충분히 의미 있는 과정 중'이라는 안정감을 얻는다.
5. 과거의 '미숙했던 나'도 따뜻하게 바라보기
➡ 현재의 나를 더 성장시킬 준비

💬 한마디 한마디에 상처받지 않는 나 되기

누군가의 말에 상처받는 순간에, 나 자신에게 "지금도 나는 나아지고 있다"라고 말할 수 있다면 우리는 중심을 잃지 않을 수 있다. 상대가 내게 주는 자극도 하나의 과정과 배움으로 받아들인다. 더 나아지고 있는 내 모습을 바라보면, 조용히 내 안에서 나를 지키는 힘이 생긴다. 작은 변화 하나에도 의미를 부여하며, 어제보다 단단해진 나를 발견한다. 세상이 뭐라 해도, 나는 나를 키워가는 중이라는 이 확신 하나면 충분하다. 그 믿음과 성장이 곧, 상처보다 더 강한 회복을 만드는 마음 근육으로 자리 잡게 된다. 더 단단한 중심을 가지고 나의 시간을 보낼 수 있다.

| Tip | 발전감을 느끼는 구체적 실천 팁

❶ 하루 한 줄 '작은 성취' 적기
→ "오늘은 하기 싫었던 청소를 해냈다"처럼 아주 사소한 것도 좋아요. 적는 순간, 뇌는 '나는 해냈다'고 인식하며 자존감이 자라날 수 있거든요.

❷ 비교하지 않기 챌린지 - SNS 덜 보는 하루
→ 나와 타인의 삶을 분리하는 훈련. 그날은 온전히 '내 리듬'으로 살아봅니다. 비교에서 벗어날수록 내 성장에 더 집중하게 돼요.

❸ 실수한 날, '배운 점' 하나씩 써보기
→ "오늘 너무 무리해서 피곤했다 → 다음엔 중간에 쉬어야겠다." 실패를 교훈으로 전환할 때, 그 순간은 그대로 성장의 자산이 돼요.

❹ 한 달에 한 번 '과거의 나'에게 편지 쓰기
→ 예전의 나를 비판이 아닌 이해로 돌아보는 시간을 가집니다. "그때 정말 힘들었지. 그래도 잘 견뎌줘서 고마워." 이런 말은 자기 확장의 뿌리를 단단하게 해줘요.

❺ '잘하고 있는 나' 칭찬 포스트잇 붙이기
→ 책상, 냉장고, 거울 등 자주 보는 곳에 "요즘 꽤 단단해지고 있어", "오늘도 버텼으니까 충분해." 같은 말들을 붙여보세요. 시각적인 반복은 자기 신뢰를 쌓는 데 큰 힘이 돼요.

눈치로부터의 자유를 구가하라

일본어에 '공기 읽기(空気を読む)'라는 표현이 있다. 직역하면 '분위기를 읽는다'는 뜻으로, 실제 생활에서는 눈치껏 행동하라는 의미다. 상대가 직접 말하지 않아도 그 마음을 먼저 헤아려야 하고, 자신의 의견보다는 분위기를 해치지 않는 태도가 더 중요하게 여겨지는 문화에서 나온 말이다. 이 문화는 한국에서도 볼 수 있다. 우리 역시도 어릴 때부터 "분위기 파악 좀 해"라든지 "쓸데없는 말 말고 눈치껏 해라"는 말을 듣고 자란다. 이런 눈치는 아마도 관계 속에서 살아남기 위한 생존 전략일 것이다. 우리는 왜 이렇게 눈치를 보며 살아가는 걸까? 눈치로부터 자유로워질 수는 없을까?

💬 왜 눈치를 볼까?

집에서 혼자 있을 때는 손으로 커다란 소시지를 들고 우걱우걱 먹는 사람도, 다른 사람과 함께 있는 자리에서는 포크와 나이프로 교양 있게 식사한다. 우리가 식사 예절을 지키는 이유는 단지 위생 문제 때문만은 아니다. 음식에 대한 욕구보다 강한 타인과의 관계 욕구 때문이다. 우리는 타인의 시선을 신경 쓰며, 사회적으로 기대되는 행동을 내면화하며 산다. 사회화의 결과물이다. 어린아이들은 다른 사람들 눈치를 보지 않고 자신의 욕구를 표출하지만, 어른이 될수록 점점 타인의 시선을 고려하며 행동하게 되는 이유가 바로 여기에 있다.

눈치는 단순한 습관 문제가 아니다. 예를 들어, 회사 동료 일곱 명이 피자 한 판을 나눠 먹고 있다고 상상해보자. 마지막 한 조각이 남았을 때, 그걸 자기가 먹겠다고 쉽게 손을 뻗지 못한다. 누군가가 "이거 드세요"라고 권한다고 해도, 쉽게 가져가기 힘들다. 이런 이유를 심리학자 찰스 쿨리(Charles Cooley)는 '거울 자아(the looking-glass self)'라고 이야기했다. 타인이 나를 어떻게 볼지 상상하고, 그 상상에 따라 스스로 자신을 규정하려는 경향이다. 인간은 사회적 동물이기 때문에 '타인 시선 속의 나'를 자아의 일부로 받아들이는 것이다. 무리에서 자신이 벗어날까 봐 불안해하며 행동을 조심하게 된다. 눈치는 인간이 관계 속에서 살아남기 위해 발달시켜온 정서적 '레이더'라 할 수 있다.

눈치에는 거절에 대한 두려움이 담겨 있다. '이 말을 싫어하면 어떡하지? 나를 이상하게 보면 어쩌지?'라는 생각은 행동을 조심하게 만들고, 그 조심은 곧 눈치로 이어진다. 이 두려움의 뿌리는 대부분 '관계가 끊어질지도 모른다'라고 느끼는 불안에서 온다. 특히 상대가 가족, 친구, 직장 상사처럼 나에게 중요한 사람이면 그 두려움은 더 커진다. 갈등을 만들고 싶지 않다는 마음, 나쁜 사람으로 보이고 싶지 않다는 마음이다. 결국 '하고 싶은 말' 대신 '상대가 듣고 싶어 하는 말'만을 하게 된다. '거절'은 점점 못하게 되고, '눈치'를 점점 더 보게 된다.

그리고 인정받고자 하는 욕구가 담겨 있다. 인간은 사회적 존재이기 때문에, 타인에게 수용받고 소속되고 싶어 하는 욕구는 본능이다. 이 욕구가 적당한 수준일 때는 타인과의 관계를 원활하게 유지하는 힘이 된다, 하지만 지나치면 오히려 자기표현을 막는 역할을 한다. 눈치가 강화된다. 싫은 말은 삼키고, 하고 싶은 말도 접는다. 거절하고 싶을 때도 억지로 맞춘다. 불편해도 내색하지 않게 된다. 겉으로는 평화롭게 보이지만, 내면은 점점 지치고 마모된다. 사람들에게는 인정받을지 모르지만, 정작 '자기 자신'에게는 외면당한다. 타인의 감정에 지나치게 신경 쓰다 보면 결국 자기감정은 미뤄지기 마련이다. 본래 눈치는 '타인과 조화를 이루기 위한 사회적 장치'이지만 지나치면 '자기 억압'으로 변한다.

눈치의 부작용

눈치는 관계를 원활하게 하기 위한 사회적 기술이다. 그러나 지나치면 여러 가지 부작용이 일어난다. 싫은 상황에서도 "싫다"라는 말을 하지 못한다. '내가 뭘 좋아하는 사람인지', '지금의 이 감정이 정말 내 것인지'조차 헷갈리게 된다. 눈치를 오래 보게 되면, 상대방 감정이나 표정을 과잉 해석하는 습관마저 생길 수 있다. 상대가 잠깐 표정을 굳혔을 뿐인데, '내가 무슨 실수를 했나?', '내 말이 불쾌했나?' 하고 곧장 자신을 탓한다. 인간에게는 '평판'과 '관계'에 대한 욕구가 있기 때문에 어릴 적부터 눈치를 보는 훈련을 받으며 성장하게 된다. 눈치는 때로 자기 검열처럼 작용해, 감시당하는 느낌을 주기도 한다.

심리학자 에드워드 히긴스(Edward Higgins)는 자기 불일치 이론(Self-Discrepancy Theory)에서 인간의 세 가지 자아에 관해 이야기했다. 자아에는 현재 내 모습인 '실제 자아(actual self)'와 내가 되고 싶은 모습인 '이상적 자아(ideal self)', 그리고 자신이 기대하는 당위적 자아(ought self)가 있다고 한다. 눈치를 많이 보는 사람의 경우, 특히 당위적 자아에 과도하게 몰입되어 있다고 했다. "나는 좋은 사람이어야 해", "이 분위기를 깨면 안 돼." 같은 강박이 강하기 때문에 자기감정과 욕구를 억누르고 결국에는 실제 자아와의 거리를 키우게 된다. 이는 불안, 우울, 자기 비하 등으로 이어질 수 있다고 한다.

눈치를 과도하게 보면 지속적인 긴장을 하게 된다. 타인의 표정과 반응을 지나치게 해석하며, 관계 속에서 실수하지 않으려고 노력한다. 따라서 불안감이 클 수밖에 없다. 늘 경직된 태도로 관계를 유지하기 때문에 인간관계의 질이 떨어지고 자신감마저 약화될 수 있다. 타인의 표정과 말투에 지나치게 예민해서, 상대 표정이 잠깐 굳기만 해도 '내가 뭔가 실수했나?'라며 자신을 탓한다. 실제로 아무 일도 없는데도 불구하고 스스로 긴장과 죄책감을 만들어, 나답게 행동할 여유를 잃게 된다.

눈치를 보며 점점 자기감정을 무시하면 자기소외(self-alienation) 현상이 일어난다. '싫다'라고 느끼면서도 "싫다고 하면 민폐가 될까봐", "상대가 기분 나빠할까봐" 말하지 못한다. 자신의 감정을 계속 억누르다 보면 결국 '나는 무엇을 좋아하고 싫어하는 사람인지'조차 헷갈리는 상태에 이르게 된다. 이를 자기소외라고 한다. 자신의 감정이나 욕구를 자연스럽게 표현하는 능력이 약해지는 것이다. 결국 '하고 싶은 말'보다 '해도 괜찮은 말'만 골라 하게 되고, 내 감정은 점점 뒷전이 된다. 자기를 표현하지 못하면 건강한 관계를 만들기 힘들다.

◆ 자기소외가 일어날 수 있는 대표적인 생각 5가지

1. 이 말을 해도 되나?
   ➡ 하고 싶은 말이 있어도 '상대가 기분 나빠할까봐' 조

심하게 됨

2. 괜히 나 때문에 분위기가 이상해지는 거 아닐까?
➡ 아무 말도 하지 않게 됨

3. 그 사람 기분이 안 좋은 것 같은데, 혹시, 나 때문일까?
➡ 스스로 탓하게 됨

4. 난 왜 맨날 이런 생각을 하지?
➡ 자기 자신에게조차 신뢰를 잃게 됨

5. 나는 그냥 좋은 사람으로 남는 게 편해.
➡ 억지로 착한 사람이 되려고 함

눈치는 '타인의 시선이 내 행동에 미치는 영향'이다. 눈치를 보는 이유는 결국 '관계를 잘 유지하고 싶은 마음'이다. 그러나 그 마음이 지나치면 관계 자체가 피곤해진다. 말 한마디, 표정 하나에도 긴장해야 하는 관계는 서로를 지치게 한다. 오래 지속되기 어렵다. 진짜 건강한 관계는 눈치를 보지 않아도 괜찮은 관계다. 그때 우리는 비로소 '나답게' 존재할 수 있다.

💬 눈치를 덜 보려면?

눈치를 안 본다는 건 타인을 완전히 무시하고 살아가겠다는 것을 의미하지 않는다. 상대 시선을 의식하되, 내 감정과 기준을 잃지 않는 것이다. 진정한 '눈치로부터의 자유'다. 이를 위해서는 무엇보다 먼저 내 안에 중심을 세우는 연습이 필요하다. 상대가 날 어떻게 보는지가 아니라, 내가 나를 어떻게 보는지가 더 중요하다. 눈치를 덜 보는 것은 단순히 '신경 쓰지 말자'라고 하기에는 부족하다. 눈치의 근원이 어디서 오는지를 인식하고, 그에 대한 사고방식을 바꾸는 실천이 필요하다. 다음은 눈치를 덜 보기 위한 실제적인 방법이다.

우선, 타인의 감정은 그 사람 몫임을 인식한다. 누군가의 찡그린 표정, 무뚝뚝한 말투를 곧장 '내 탓'으로 해석할 때가 있다. "내가 뭔가 실수를 했나?", "내 말이 불쾌했었나?" 하고 생각한다. 하지만 그 사람 표정이나 기분은 그 사람의 하루, 기분, 성향과도 연결되어 있다. 상대의 모든 반응을 나의 책임으로 받아들이면 점점 더 타인 감정에 휘둘리게 된다. 눈치를 덜 보기 위해서는 "저건 저 사람의 감정이지 내 감정이 아니다"라고 선을 긋는 훈련이 필요하다. 상대 감정을 구분하는 인식이 곧 관계의 경계를 세우는 첫걸음이다.

두 번째로 '좋은 사람'이 되려는 집착을 내려놓는다. "착하다"라는 말에 중독되면, 진짜 내 감정보다 타인의 반응이 우선순위가 된다. 미움받지 않으려 말끝을 조심하고, 부탁을 거절하지 못한다. 갈등을 피하려다 자신이 지쳐버린다. 좋은 사람이라는 이미지를 유지하려다 보면, 자기 자신에게는 점점 불친절해진다. 진짜 건강한 관계는 '좋은 사람'이 되는 것보다 '진짜 나'로 존재할 수 있는 관계다. 모든 사람에게 좋은 사람이 되려 애쓰는 순간, 나는 나 자신을 잃는다. 착한 사람보다 진짜 나로 사는 연습이 필요하다.

세 번째, 나를 관찰자 시점에서 바라본다. 눈치를 많이 본다는 건, '타인의 시선'에 너무 몰입되어 있다는 뜻이다. 나를 한 발짝 떨어진 '관찰자 시점'에서 바라보는 연습을 해본다. 예를 들어, "지금 내가 왜 이렇게 긴장하지?", "저 사람 표정이 내 기분에 영향을 주고 있나?"라고 나에게 질문한다. 자신의 감정을 한 걸음 떨어져 관찰한다. 이 '심리적 거리 두기'는 감정의 파도에 휩쓸리지 않고 중심을 지키는 데 매우 효과적이다. 타인의 시선보다, 나를 바라보는 내 시선을 회복하는 연습으로 타인의 눈치로부터 자유로울 수 있다.

◆ 나를 객관적으로 보게 하는 질문 5가지

"나는 지금 무엇 때문에 긴장하고 있을까?"
"내가 느끼는 이 불편함은, 정말 상대의 말 때문일까? 내 해석 때문일까?"
"내 반응은 내가 원했던 방식이었나?"

"내가 지금 느끼는 감정에 점수를 매긴다면 몇 점쯤 될까? (0~10점)"
"이 상황을 다른 사람이 본다면,
나에게 어떤 조언을 해줄까?"

💬 눈치, 지나치면 독

눈치를 잘 본다는 건 결국 '나'보다 '상대'에게 더 집중하고 있다는 뜻이다. 어느 순간부터 눈치가 관계를 이어주는 힘이 아닌, 내 감정을 억누르고 나다움을 지우게 한다. 기분을 맞추고 분위기를 끌어올리려고 애쓰는 사이에, 정작 '나, 지금 뭐 하고 있는 거지?'라는 허탈감만 남는다. 모든 시선을 지우는 것이 아니라 그 시선 속에서도 나를 잃지 않는 연습을 하자. 나의 눈으로 나를 바라보는 연습은, 눈치로부터 자유로운 '나다운 삶'을 살 수 있게 한다.

| Tip | 눈치에서 벗어나는 실천법 5가지

❶ 타인의 표정을 내 책임으로 넘겨짚지 않기
→ "저건 저 사람의 감정이지, 내 잘못이 아닐 수도 있어"라고 스스로에게 말해요.

❷ '좋은 사람'보다 '진짜 나'로 살기
→ 모든 사람에게 친절하기 위해 애쓰기보다, '지금 내 감정은 어떤가요?'를 먼저 물어요.

❸ 마음속 관찰자 되기
→ '지금 나는 왜 이 말을 못 꺼냈지?'처럼 스스로 한 걸음 떨어져 나를 바라봐요.

❹ 작은 NO부터 연습하기
→ "지금은 어렵겠어요", "다음에 이야기해요"와 같이 부드러운 거절부터 시작해요.

❺ 혼자 있는 시간을 눈치 벗는 시간으로 삼기
→ 남의 시선에서 벗어난 공간에서 내 감정, 내 목소리를 온전히 느껴봐요.

이유 없이 나를 싫어한다면,
싫어할 만한 이유 만들어주는 용기

　살다 보면, 이유 없이 나를 싫어하는 사람을 만날 때가 있다. 인사를 받아주지 않고, 사소한 말에 날카롭게 반응한다. 잘해도 못해도 트집을 잡는다. 처음에는 '내가 뭘 잘못했지?' 고민하게 된다. 그러나 곰곰이 돌아봐도 특별한 이유는 없다. 그냥 나라는 존재 자체가 불편하다는 듯한 태도다. 그런 사람을 만나면 대부분은 어떻게든 잘 보이려 애쓰거나, 괜히 나 자신을 탓하며 위축된다. 하지만 이제는 다르게 생각해볼 필요가 있다. 모두에게 사랑받을 필요는 없다. 모두가 나를 좋아해야 한다는 생각은, 결국 나를 잃는 지름길이다.

누가 나를 이유 없이 싫어한다면

　유튜브 채널을 시작한 지 얼마 안 되었을 때다. 댓글 창에 "이 실력으로 영상을 만든다고요?", "일본 대학 출신도 아닌데 왜 강의하죠?"라는 말이 있었다. 댓글에는 아무런 논리도, 건설적인 피드백도 없었다. 단지 나라는 사람 자체를 깎아내리고 싶은 의도가 느껴졌을 뿐이다. 처음엔 괜찮은 척했지만, 그 짧은 문장들이 생각보다 오래 잔상으로 남았다. 영상을 다시 보며 '정말 내가 그렇게 부족한가?'라고 자책도 했고, 다음 콘텐츠를 올리는 것이 두렵기도 했다. 그런데 시간이 흐르고 심리학을 공부하면서 알게 된 게 있다. 그런 비난은 나의 실력 때문이 아니라, 그 사람 내면에 있는 불편함 때문일 수 있다는 것을.

이유 없는 싫어함은 내가 아닌, 그 사람 안의 감정에서 비롯된다. 심리학에서는 이를 투사(projection)라고 한다. 이는 정신분석학 창시자인 프로이트가 처음 제시한 개념으로, 자신이 받아들이기 어려운 감정이나 결점을 무의식적으로 타인에게 전가하는 심리적 방어기제다. 예를 들어, 스스로 무능하다고 느끼는 사람이 타인을 향해 "쟨 너무 형편없어"라고 말하는 식이다. 그렇게 타인을 비난함으로써 자기 안의 불편한 감정을 감춘다. 자신의 열등감, 질투, 혹은 불안감이 투사되어 상대로 향하는 것이다. 나를 미워할 사람은 내가 뭘 하든 나를 미워한다.

나를 근거 없이 싫어하는 사람들은 사실, 자기 안의 불편한 감정을 감당하지 못해서다. 그 불편함을 '나'라는 타인에게 쏟아낸 것이다. 이것은 내 문제가 아니다. 그들의 감정은 그들의 몫이다. 이럴 때는 오히려 그 사람 기대에 맞춰 순응하는 대신, 나답게 행동하는 것이 자신을 지키는 방법이 된다. 우리는 모두 타인의 평가 속에서 살아가지만, 타인의 평판보다 더 중요한 건 '내가 내 선택에 자부심이 있는가?'다. 나를 미워하는 사람이 생기는 건 어쩌면 내가 나답게 살고 있다는 증거일지도 모른다. 좋은 사람이 되려다 진짜 나를 잃지 않도록 해야 한다. 우리는 '모두에게 괜찮은 사람'이 되기보다 '나에게 괜찮은 사람'이 되어야 한다.

◆ 이유 없는 싫어함, 투사일 수 있는 예

1. 스스로 능력 없다고 느끼는 사람이 "너무 나대"라고 말할 때
➡ 자기 안의 열등감 때문에, 자신보다 활발하게 행동하는 사람을 미워한다.
2. 자신의 게으름에 죄책감이 있는 사람이 "왜 저렇게 잘난 척해?"라고 할 때
➡ 부지런히 무언가를 하는 사람을 보면 불편해지므로, 자신을 정당화하기 위해 상대를 깎아내린다.
3. 자신의 분노를 인정하지 못하는 사람이 "성격이 왜 이렇게 예민하냐?"라고 할 때
➡ 본인은 사소한 일에 쉽게 화내거나 예민하지만, 되레 다른 사람을 예민하다고 공격한다.

그 사람의 감정이 정말로 나 때문인지, 감정 투사가 아닌지 거리를 두고 생각해본다.

💬 나답게 살아가는 용기

살면서 누군가에게 미움받는 일은 피할 수 없는 일이다. 타인 기준에 자신을 맞추는 삶에는 끝이 없다. 중요한 것은 그런 순간마다 자기 자신을 지키는 태도다. 비난에 일일이 반응하기보다, 자기 자신에게 집중하는 자세가 더 큰 힘이 된다. 누군가가 나를 싫어한다면, 그 싫어함을 있는 그대로 받아들일 수 있어야 한다. 그것은 무례하거나 거칠게 군다는 뜻이 아니라, 오히려 나답게 살아가겠다는 '선언'에 가깝다. 이유 없이 나를 싫어하는 사람 앞에서 위축되지 않고 나답게 행동하는 순간, 그들은 더 이상 나를 함부로 다룰 수 없다.

용기를 낼 수 있는 방법은 **우선, 타인의 평가보다 나의 기준에 집중한다.** 악플, 비교, 시선에 흔들리는 이유는 결국 내 마음이 바깥에 있기 때문이다. 외부 자극에 자동 반응하지 않고, 내 안의 기준을 명확하게 세운다. 내 경우에는 유튜브를 운영하는 이유를 정확히 설정했다. '좋은 공부에 관해 많은 사람들에게 정확히 알려주자'라는 목적을 명확히 세웠고, 그 기준에 부합하는 콘텐츠를 만들기 위해 집중하고 있다. 때로는 예상치 못한 비난이 올라와도, 내가 애초에 어떤 가치를 전달하고자 했는지를 떠올리며 흔들림 없이 나아가고 있다. 중심이 서 있을 때, 비로소 타인의 평가에 휘둘리지 않고, '나답게' 존재할 수 있다. 결국, 타인의 인정보다는 나의 기준과 가치가 삶을 견고하게 만들어준다. 이유 없는 악플에 담담해지는 비결이다.

다음으로, 용기를 내는 방법은 **억울함을 말로 푸는 대신 '행동으로 보여주는 것'이다.** 이유 없이 나를 싫어하는 사람은 사실 내 말의 내용보다 '내 존재 자체'를 불편하게 여기는 경우가 많다. 그들에게는 해명을 해도, 설득을 해도 받아들이지 않는다. 오히려 더 많은 설명은 나를 더욱 초조하고 작게 만들 수 있다. 그래서 억울할수록 말보다 '행동'이 힘이 된다. 내가 하고 싶은 일을 꾸준히 해내고, 흔들리지 않는 모습을 보여주는 것이 곧 가장 조용하고도 분명한 메시지가 된다. "나는 지금, 내가 옳다고 믿는 길을 가고 있습니다"라는 말은 말로 하지 않아도 삶으로 충분히 전달될 수 있다.

마지막으로, **내 시간, 감정, 에너지를 지키는 선택을 한다.** 나를 함부로 폄훼하는 사람에게는 더 이상 설명하지 않는다. 쓸데없는 곳에 에너지를 낭비하지 않기로 마음 먹는다. 의미 없는 논쟁에 휘말리지 않고, 인정받기 위한 불필요한 시도도

하지 않는다. 감정을 소모하는 관계에서 거리를 둔다. '왜 날 싫어하지?'를 파고들기보다, '지금 내가 어디에 에너지를 써야 하는가?'를 묻는다. 삶의 주도권을 다시 내게로 돌리는 것이다. 불편한 관계에 붙잡히느라 정작 나와 잘 지내지 못한 시간이 많았음을 돌아본다. 타인의 기준에서 벗어나, 내가 나에게 집중하는 삶이야말로 이유 없는 미움을 이겨내는 가장 건강한 방식이다.

  의견을 말할 때마다 "예민하다", "혼자 튀려고 한다"는 식으로 공격당할 수도 있다. 만약 그런 반응이 두려워 침묵한다면, 나는 결국 내 생각을 숨기고 타인의 시선에 휘둘리는 선택을 하게 된다. 반대로, 나의 의견이 타당하다고 믿는다면 상대가 불편해하더라도, "저는 이렇게 생각합니다"라고 말할 수 있어야 한다. 그 사람이 나를 더 싫어하게 될 수도 있지만, 나는 내 생각을 지켰고, 나답게 행동한 것이다. 상대가 나를 '싫어할 만한 이유'란, 결국 내가 내 기준대로 행동했다는 것이다. 나를 어떻게 생각하든, 그것은 그 사람 판단일 뿐이다. 스스로 자신의 방식이 진실하고 편안하며 옳다고 느낀다면 충분하다. 가식 없이 자기 모습대로 살아가는 일이 누군가에겐 불편할 수 있음을 받아들이면 된다.

💬 '내 사람'을 알아보는 눈

우리는 누구에게 마음을 써야 할까? 주변 사람들과의 관계에서 선택과 집중을 한다. '내 사람'을 알아보는 눈을 갖고, 정서적 에너지 배분을 하는 것이다. 내게 좋은 사람들을 알아보는 방법은 내 마음의 편안함에서 출발한다. 그 사람과 함께 있을 때 내가 어떤 감정을 느끼는지를 잘 들여다본다. 설명하지 않아도 이해받는 느낌이 들며, 내가 나다워질 수 있는 관계는 에너지를 들일 만한 가치가 있다. 반대로, 함께 있을 때 유독 긴장되거나, 내 말과 행동을 자꾸 돌아보게 된다면, 그건 마음이 스스로 경계하고 있다는 신호일 수 있다. '나를 미워하는 사람을 설득하느라' 에너지를 낭비하는 대신, '나를 아껴주는 사람을 더 단단히 챙기는' 선택을 한다.

내 사람을 알아보는 눈을 기르려면, **첫 번째, 모든 관계에 의미를 부여하지 않는다.** '시절 인연'이라는 말이 있다. 모든 인연이 소중하거나 영원할 필요는 없다. 어떤 인연은 그저 그 시절에 머물면 되는 것이다. 스쳐 가는 관계는 스쳐 지나가게 두고, 무례한 관계는 조용히 내려놓아도 된다. 오래 만났다고 해서 반드시 좋은 관계가 되는 것이 아니다. 오히려 집착할수록 더 지치고, 나를 잃어버릴 수 있다. 관계를 붙잡기보다 나를 지키는 것이 더 중요한 순간이 분명히 있다.

두 번째, 긴 설명 없이도 나를 믿어주는 사람을 소중히 한다.
자주 만나지 않아도 마음이 이어져 있다고 느껴지는 사람이 있다. 그런 관계는 말이 적어도 따뜻하고, 표현이 서툴러도 깊다. 좋은 관계는 나를 '설명하게' 하지 않고 '느끼게' 한다. 자꾸 해명해야 하는 관계는 나를 점점 불안하게 만들고, 말하지 않아도 마음이 닿는 관계는 나를 점점 단단하게 만든다. 좋은 관계는 설명보다 이해가 빠르고, 불편함보다 따뜻함이 크다. 그런 사람을 알아보고, 더 자주 안부를 묻고, 더 따뜻하게 챙긴다. 내 사람은, 그렇게 잊지 않으려는 마음 안에서 자란다.

세 번째, 에너지 분배는 선택의 문제이며, 좋은 사람들에게 써야 한다. 우리가 행복하게 살 수 있는 시간은 생각보다 짧다. 나를 좋아해주는 사람과 마음 편히 지낼 수 있는 시간도 그리 많지 않다. 그런데도 나를 싫어하는 사람의 마음을 돌리기 위해 애쓴다면, 정작 나를 귀하게 여겨주는 사람들에게 써야 할 시간과 에너지를 놓치게 된다. 어떤 사람에게 마음을 쓰고, 어떤 사람과는 거리를 둘지를 구분하는 것이야말로 감정에 휘둘리지 않는 성숙이다. 관계를 정리하는 건 차가운 일이 아니라, 나를 지키는 따뜻한 선택일 수 있다.

◆ 내 사람을 알아보기 위한 3가지 질문

1. 만남 뒤에 마음이 편안해지는가, 지치는가? 만난 후의 감정이 관계의 질이다.
2. 힘들다고 말했을 때, 그 사람은 어떻게 반응했는가? 조언보다 '공감'으로 반응하는가.
3. 내가 잘되었을 때, 진심으로 함께 기뻐해주는 사람인가? 응원이 있는 관계가 진짜다.

💬 모두의 마음에 들 필요가 없다

누군가의 이유 없는 미움 앞에서 내가 해야 할 일은, 나를 지키는 것이다. 나를 좋아하지 않는 사람에게 나를 설명하느라 지치기보다, 나를 이해해주는 사람과 더 깊이 연결되기 위해 노력한다. 설명보다 행동으로, 눈치보다 기준으로, 세상의 모든 호의를 얻지 않아도 된다. 나를 진심으로 아껴주는 몇 사람과 함께라면 충분하다. 누군가에게 미움받는 순간에도 나는 여전히 괜찮은 사람일 수 있다. 그 용기를 잃지 않을 때, 우리는 진짜 '나답게' 살아갈 수 있다.

| Tip | **누군가 이유 없이 나를 싫어할 때, 나를 지키는 실천 팁**

1. '왜 날 싫어하지?'보다, '나는 지금 어디에 에너지를 써야 할까?'를 자주 물어봐요.
생각의 방향을 바꾸면 감정도 바뀝니다. 괜한 자책은 멈추고, 쓸모 있는 곳에 마음을 써요.

2. 억울할수록 더 말하고 싶지만, 그럴수록 행동으로 증명해서 보여줘요.
설명 대신 묵묵히 내 길을 가는 것이, 훨씬 강한 메시지가 돼요.

3. 날 싫어하는 사람에게 맞추기보다, 날 좋아해주는 사람에게 더 집중해요.
진심은 가까운 사람들과 나누는 게 가장 효율적이에요.

4. 좋은 사람 되려고 애쓰기보다, 나에게 괜찮은 사람인지 먼저 물어봐요.
'나는 나에게 떳떳한가?' 이 질문에 고개 끄덕일 수 있다면 그걸로 충분해요.

5. 거리를 둬야 할 사람과는 '정중한 무관심'을 실천해요.
무례함에 반응하지 않는 것, 그것도 자기 존중이에요.

PART 5

우주의 중심은 바로 지금, 이 순간의 '나'

나보다 더 나를 사랑하는 사람은 없다

'나는 나를 얼마나 사랑하고 있을까?' 우리는 흔한 실수 하나에 "나는 왜 이 모양이지? 왜 이것밖에 안 되지?"라며 자신을 쉽게 미워하며 자책한다. 남들이 나에게 했던 말들보다, 내가 나를 더 아프게 쏘아댄다. 가장 오래 함께 가는 사람은 '나'임에도, 우리는 나를 가장 홀대할 때가 많다. 다른 누군가로부터 인정받고 위로받을 수 있지만, 결국 나를 가장 잘 알아주고 깊이 지켜줄 수 있는 사람은 '지금, 이 순간의 나'밖에 없다. 자신을 소중히 해야 하는 이유다.

💬 내가 나를 소중히 하기

미국의 작가이자 동기부여 연설가 루이즈 헤이(Louise Hay)는 "내가 나를 사랑하지 않으면, 아무리 누가 날 사랑해도 만족할 수 없다"고 했다. 진짜 제대로 된 안정감은 외부 애정에서부터가 아니라, 내 안에 쌓이는 자기 신뢰에서 비롯된다는 의미다. 기준이 자꾸만 외부로 향할수록, 점점 더 불안하고 흔들리게 된다. 내가 나를 소중히 하기 위해서는 타인의 기대보다 내 감정에 더 귀 기울이고, 누군가의 인정보다 나를 향한 따뜻함을 갖는 일이 필요하다.

   과도한 업무와 스트레스는 무례한 행동의 가장 큰 요인이라고 한다. 한국의 성인 2만여 명을 대상으로 한 연구 조사에서, 현재 자신이 건강하지 못하거나, 웰빙 지수가 매우 낮다고 응답한 사람이 절반이나 되었다. 20분 이상 운동하는 날이 일주일에 이틀도 안 된다는 응답자도 절반을 훌쩍 넘었다고 한다. 운동을 전혀 안 한다고 답한 응답자도 4분의 1에 가까웠다. 자신의 에너지를 제대로 관리하는 사람은 생각보다 드물다는 것을 보여준 결과라고 할 수 있다.

   듀크대학교 의학대학원은 보험회사인 애트나 직원들을 대상으로 스트레스 관리에 관한 연구를 진행했다. 그 결과, 일주일에 요가를 1시간 하면 스트레스 수치가 3분의 1 정도 낮아지는 것으로 나타났다. 1시간 정도 요가에 투자하는 것으로도 의료 비용이 연평균 2,000달러나 줄었다는 결과가 나왔다. 미국의 대표적인 식품 회사인 제너럴밀스는 7주 과정의 마음 챙김 리더십 프로그램을 사내에 도입했는데, 이를 이수한 고위 임원들 가운데 80%가 의사결정 능력이 향상되었고, 더 경청하게 되었다고 응답한 사람도 89%나 됐다.

   스트레스 관리는 기본만 지켜도 큰 도움이 될 수 있다. 나를 소중히 여긴다는 건 거창한 일이 아니다. 자신을 아끼면 된다. 몸을 돌보는 시간, 마음을 돌아보는 여유, 그리고 나 자신에게 다정한 말 한마디. 이런 아주 사소해 보이는 일들이 내 일상에 온기를 더하고, 나의 하루를 단단하게 지탱해줄 수 있다. 스트레스를 잘 관리하는 건강한 생활 습관이 자기 자신을 잘 돌보는 바탕이 된다. 매일의 작은 루틴 속에서 '나를 돌보는 삶'은 충분히 할 수 있다. 이 순간의 '나'가, 내가 지켜야 할 가장 소중한 사람이다.

◆ **나를 돌볼 수 있는 질문 5가지**

나는 지금 잘 쉬고 있는가?
나는 지금 잘 먹고, 잘 자고, 감정을 잘 느끼고 있는가?
나는 지금 내 마음의 말을 귀 기울여 듣고 있는가?
나는 지금 나를 지치게 하는 것을 알고 있는가?
나는 오늘, 나에게 따뜻한 말 한마디를 건넸는가?

잘 자기

심리학을 공부하면서 강박적인 성향이 식이장애로 이어지는 사례가 적지 않다는 사실을 알게 되었다. 단지 몸에 대한 왜

곡된 인식 때문만이 아니라, 현실에 대한 불만이나 외로움 같은 심리적 요인과도 관련이 높았다. 공허함을 음식으로 채우려는 보상 심리가 식이장애로 연결되는 것이다. 또한 스트레스가 지속되면 코르티솔 같은 스트레스 호르몬 영향으로 몸의 여러 면역 기능이 저하된다. 극심한 스트레스를 지속적으로 경험하는 사람은 그렇지 않은 사람에 비해 복통을 경험할 가능성이 약 3배 높다는 연구 결과도 있다. 마음의 균형이 무너질 때, 몸은 신호를 보낸다. 이것은 '에러 메시지'인 경고에 가깝다.

나를 위하는 첫 번째로, 무엇보다 잘 자는 것이 중요하다. 하루 평균 7~8시간 정도가 좋다. 미국인들 중에서는 수면 시간이 6시간이 안 된다고 응답한 사람이 전체 인구의 약 30%에 달한다고 한다. 특히 조직에서 관리자 역할을 맡은 사람들의 40.5%는 6시간도 못 자고 있다. 한국과 핀란드, 스웨덴, 영국에서 진행된 대규모 연구에서도 비슷한 결과가 나왔다. 수면 부족은 이제 전 지구적 현상인데, 정중함의 관점에서 봤을 때 이는 결코 가볍게 넘길 수 없는 문제다. 잠을 충분히 못 자면 불안 증세와 비윤리적 행동을 보이기 쉽기 때문이다.

건강한 젊은 남성들이 3일간 4시간의 수면만 취했을 때, 염증성 단백질 수치가 증가하여 '심장병과 뇌졸중 위험이 높아진다'는 연구 결과가 있다. 또한 수면 부족은 좌절감, 공격성, 불안, 그리고 대인관계에서의 부적절한 언행과도 밀접한 관련이 있다. 잠이 부족한 사람일수록, 타인의 얼굴과 말투에 묻어나는 감정을 잘못 해석할 가능성도 높았다. 졸음에 겨운 상태에선 친절하기가 어렵다. 부정적인 방식과 말투로 감정을 표현하기 쉽다.

수면 부족의 또 다른 문제점은 자신이 다른 사람들에게 부정적 영향을 미친다는 사실조차 인식하지 못한다는 것이다. 펜실베이니아 의과대학은 수면 부족이 전두엽과 시상(thalamus)에서의 포도당 대사율을 감소시켜 작업 기억과 주의력에 부정적인 영향을 미친다는 연구 결과를 발표했다. 잠이 부족하면 뇌의 포도당 수치가 떨어지고, 그 결과 자기 통제력도 약해진다. 전전두피질과 편도체 기능을 유지하려면 충분한 수면이 꼭 필요하다. 뇌의 포도당 수치는 이 부분들의 활력을 강화하는 데 특히 중요하기 때문에, 결국 수면이 부족할 경우 무례함을 더 많이 범하게 될 우려가 있다.

잘 쉬고 잘 자는 사람이 정중한 태도를 지킬 수 있다는 사실을 알 수 있다. 몸이 지치면 마음도 무너지고, 말투와 행동까지 거칠어진다. 그러니 운동을 당장 시작하자. 일주일에 사흘 이상 운동하는 사람은 운동을 전혀 하지 않는 사람에 비해 일터에서 느끼는 활력이 14% 높은 것으로 나타났다. 활력이 있는 사람은 불쑥불쑥 맞닥뜨리는 무례한 행동에 더 유연하게 대처할 수 있다. 운동은 인지능력을 높일 뿐 아니라, 머릿속을 짓누르는 잡생각을 덜어내는 데도 효과적이다. 체내 독소도 제거되기 때문에 스트레스를 방지해주는 효과도 있다. 스트레스가 줄면 자기 자신과 주위 사람들 언행을 한층 주의 깊고 신중하게 살피게 된다. 자기 돌봄은 단지 나만을 위한 것이 아니다. 내가 나를 잘 돌볼수록 타인에게도 더 정중하고 따뜻한 사람이 된다.

💬 나를 잘 돌본 사람만이 가질 수 있는 품격, 정중함

배가 고파서 정신이 흐릿한데 제대로 감정을 조절하고 타인에게 정중할 수 있을까? 건강한 자기 돌봄에는 균형 잡힌 영양 섭취도 빠질 수 없다. 가볍게 자주 먹는 식사로 혈중 포도당 수치를 안정적으로 유지하는 것이 좋다. 곡물 40%, 과일과 채소 40%, 단백질이 풍부한 음식 20% 비율을 목표로 한다. 혈당지수가 낮은 간식(100~150칼로리)을 일과 중 주기적으로 섭취하면 집중력과 감정 조절에 도움이 된다. 과일과 채소, 견과류, 씨앗류, 요구르트, 코티지 치즈 같은 단백질이 포함된 간식을 미리 준비해두는 것이 효과적이다.

수면, 운동과 영양을 잘 챙겼다면, 이제는 '마음의 운동', 즉

명상과 마음챙김(mindfulness) 훈련을 일상화해본다. 이 훈련은 어떤 상황에서도 자신을 느긋하고 신중하게 다룰 수 있는 '마음의 힘'을 키워준다. 몸을 깨워주고, 주의력을 높인다. 타인을 대할 때도 한결 더 정중한 마음을 유지하도록 돕는다. 무례한 말을 듣거나 억울한 상황에 놓였을 때 바로 반응하기보다 잠시 숨 고르며 평정심을 회복할 수 있는 연습이다. 이것이 곧 명상이다.

매사추세츠대학교 의과대학은 MBSR(Mindfulness-Based Stress Reduction)이라는 프로그램을 개발했다. 8주간의 마음챙김 명상 프로그램인데, 이것이 스트레스와 불안을 유의미하게 줄인다는 결과를 보여주었다. 참가자들의 스트레스와 불안이 감소하고, 감정 조절력이 향상된 것이다. 명상 훈련이 일반 불안장애(GAD) 환자들에게서 약물 치료 수준의 불안 감소 효과가 있음을 보여주었다.

명상은 결코 거창하거나 특별하지 않다. 작은 습관으로도 충분히 시작할 수 있다. 잠들기 전, 눈을 감고 오늘 하루를 가만히 돌아보며 감사의 마음을 떠올리는 순간도 훌륭한 명상이다. 감정에 휘둘리기보다 감정을 '관찰'할 수 있는 여유가 생긴다. 그 여유가 정중함의 태도로 이어지며, 한 박자 멈출 수 있게 된다. 상대 말 뒤에 숨은 감정을 읽어내는 것도 가능하게 된다. 이런 민감성 또한 결국 자기 마음을 먼저 들여다본 사람만이 가질 수 있다.

◆ **명상으로 할 수 있는 작은 습관 5가지**

아침에 눈을 뜨자마자 1분간 '숨만 느끼기'
밥 먹기 전, 감사하는 마음으로 잠시 멈추기
걷는 동안, 발바닥 감각에 집중하기
감정이 올라올 때, '그냥 바라보기'
잠들기 전, 오늘 하루 마음에게 말 걸기

명상에 익숙하지 않은 사람도 부담 없이 시작할 수 있는 명상 습관이다.

💬 정중함은 단지 예의 바른 말투나 태도 그 이상

몸이 지치고 마음이 고갈되어 있을 때, 우리는 쉽게 날이 서고 무례해진다. 반대로, 충분히 쉬고 잘 먹고 마음을 돌아보며 자신을 돌본 사람은 타인의 말과 행동에도 부드럽고 신중하게 반응할 수 있다. 정중함은 결국 '내가 나를 어떻게 대하느냐'에서 시작된다. 자기 자신에게 함부로 하는 사람은 타인에게도 쉽게 무례해지기 쉽다. 나를 존중하는 태도는, 그 정서가 그대로 관계에도 스며든다. 말을 고르고, 감정을 다스리고, 상대 입장을 한 번 더 헤아리는 힘은 자기 돌봄에서 시작된 '내면의 힘'이다. 정중함이란 결국 나를 잘 돌보는 사람이 타인에게 베풀 수 있는 가장 따뜻한 배려다.

| Tip | **정중함을 위한 일상의 실천 팁**

❶ 내 감정부터 먼저 살피기
불편한 상황에서 바로 반응하기보다 "지금 내 감정은 어떤가?"를 먼저 물어보세요. 내 감정을 알고 나서야 타인의 감정도 이해할 수 있어요.

❷ 하루 한 끼, 정성껏 먹기
바쁘더라도 하루 한 끼만큼은 나를 위한 시간으로 만들어보세요. 영양을 잘 챙긴 식사는 몸뿐 아니라 말의 온도까지 부드럽게 바꿔요.

❸ 하루 10분, 스마트폰 없이 있어보기
온전히 나에게 집중하는 10분이 마음의 중심을 잡아줍니다. 그 시간만큼은 세상과 잠시 거리를 두고 숨을 고르세요.

❹ 푹 잘 수 있는 준비하기
잠들기 전 30분은 조용한 음악, 독서, 가벼운 스트레칭으로 마무리해요. 수면의 질이 좋아지면 감정의 질도 따라 좋아져요.

❺ 나에게 다정한 말 한마디 건네기
하루의 끝에 "오늘도 애썼어", "충분히 잘했어"라고 나에게 말해보세요. 그 따뜻함이 내일의 여유로 이어질 수 있어요.

비교는 악마의 속삭임

한국 사회에서 비교는 사회적 고질병이라 불릴 만큼 뿌리 깊다. 최근에는 특히 결혼 문화 속에서 그 민낯이 더욱 뚜렷하게 드러난다. 결혼 상대를 언급하면서 사랑보다는 '조건'이, 관계보다는 '등급'이 더 자주 이야기된다. 소개팅은 마치 서류 전형과 같다. 좋은 사람을 만나고 싶은 순수한 마음은 어느새 더 나은 조건을 갖춘 사람을 찾아야 한다는 불안으로 바뀌었다. 결혼식은 누가 더 화려하게 했는지, 어디서 얼마를 썼는지로 비교되고 평가된다. 자신의 가치관보다 남들 눈이 더 중요해진 결과다. 비교의 틀 안에서는 결국 누구도 충분히 행복해질 수 없다. 비교가 시작되는 순간부터 우리 마음은 흔들리기 시작한다.

💬 비교의 이유

세상에서 유일하게 제대로 볼 수 없는 존재가 있다. 바로 '나' 자신이다. 우리는 거울 없이는 자신 얼굴조차 볼 수 없다. 대신 우리는 타인의 표정과 반응을 통해 나를 추측한다. 누군가가 나를 보고 웃으면 "얼굴에 뭐가 묻었나?" 혹은 "호감이 있나?"

하고 생각한다. 그만큼 우리는 타인의 시선을 통해 나를 해석하고, 스스로 정의하려 한다. 따라서 아주 중요한 사람이 나를 어떻게 바라봐주는지는 나를 이해하는 데 엄청난 영향을 줄 수밖에 없다.

미국의 심리학자 찰스 쿨리(Charles Cooley)는 '거울 자아(the looking-glass self)' 이론을 통해 이를 설명했다. 사람은 타인의 눈에 비친 자신을 거울로 삼아 자기 모습을 형성하고 정체성을 세운다고 한다. '타인의 반응'이 곧 '나의 가치'처럼 느껴진다.

어릴 적 부모나 교사로부터 "넌 똑똑하구나." 혹은 "넌 참 부족하구나"라는 말을 반복해서 듣고 자란다면, 그 평가는 성인이 된 후에도 자존감에 깊이 새겨진다. 마찬가지로 누군가가 나를 무표정하게 보거나 시큰둥하게 대하면 나는 곧 '불안'해지고, 나 자신을 의심하게 된다. 우리는 타인의 반응 속에서 자신을 측정하며 살아가기 때문이다. 이때 '비교의 렌즈'가 작동한다. 타인의 시선을 빌려 나를 바라본다. 우리는 타인은 잘 보면서도, 정작 자기 자신을 제대로 들여다보지 못할 때가 많다.

◆ '거울 자아 이론'의 일상적 예

1. 발표 중 청중의 반응
▶ 상대의 표정과 태도로 '부족하다'고 해석. 자존감이

흔들림
2. 사진 속 자신의 얼굴
➡ 이미지 속 '나'를 기준 삼아 자기 외모 평가
3. 칭찬받을 때 달라지는 태도
➡ 타인의 긍정적 반응이 곧 나의 가치로 직결됨
4. SNS의 '좋아요' 수에 따른 기분 변화
➡ 타인의 반응을 통해 나의 가치를 정함
5. 아이 성적표에 대한 부모의 반응
➡ 타인 반응은 자아 형성에 결정적 영향을 줌

이러한 예시는 내가 나를 직접 보는 것이 아니라, '남이 나를 어떻게 보느냐'를 거울 삼아 그 기준으로 자신을 판단하는 것이다.

💬 비교의 덫

비교는 한 번 시작되면 끝이 없다. 타인의 기준으로 나를 바라보기 시작하면, 그 시선은 마치 도돌이표처럼 돌고 돌며 마음을 갉아먹는다. "와, 저 사람은 벌써 승진했대", "저 커플은 해외에서 결혼식을 했더라." 처음에는 단순한 자극으로 다가오지만, 그 말 한마디가 나를 뒤흔든다. 자존감은 내려가고, '나는 괜찮은 사람일까?'라는 의심과 초조함이 조금씩 올라온다. 초조함은 곧 자기 비하로 이어진다. "나는 왜 이 모양일까", "난 왜 아직도 제자리야?"와 같은 불안이 더 많이 가져야 한다는 압박으로 바뀌고, 나 자신을 몰아세우기 시작한다.

이런 심리는 SNS 중독으로도 이어진다. SNS 피드에는 과장된 성공과 행복의 장면이 끝없이 올라온다. 누구는 보디 프로필을 인증하고, 누군가는 파리 에펠탑 앞에서 여유로운 브런치를 즐긴다. 마치 "너도 이렇게 살아야 해"라고 속삭이는 듯하다. 그 순간, 나는 집에서 컵라면을 먹고 있는 내 모습이 초라하게 느껴진다. 비교는 박탈감으로, 박탈감은 무기력으로 이어진다. 이 감정은 단지 기분 문제가 아니다. 실제 소비 행동으로도 번진다. 예물, 예단, 신혼집, 결혼식장, 사진 촬영도 타인의 결혼식을 기준 삼아 더 화려하고, 더 고급스러운 선택을 하려 한다. 빚을 내서라도 '비교에서 지지 않으려는' 심리 때문이다.

미국 펜실베이니아대학교의 멜리사 헌트 박사팀은 '더 이상 FOMO(Fear of Missing Out)는 없다. SNS 사용 제한이 외로움과 우울감을 줄인다(2018)'라는 연구를 진행했다. 그 결과 하루 30분 이상 SNS를 사용하는 사람은 우울감과 외로움을 느낄 확률이 두 배 이상 높다는 사실을 밝혀냈다. FOMO는 무언가 중요한 것을 나만 놓치고 있다는 불안감을 뜻한다. SNS 속 다른 사람들의 화려한 삶을 보며 "나만 뒤처지는 건 아닐까?" 하고 느끼는 감정은 자존감을 깎아내리고 비교의 악순환으로 빠뜨린다. 반대로 SNS 사용을 줄인 참가자들은 3주 만에 정서적 안정감을 회복했다고 한다.

'비교의 악순환'이 우리에게 주는 가장 큰 문제는 타인과의 경쟁을 넘어, 자기 자신조차 불신하게 만든다는 데 있다. 과거의 선택이 자꾸 후회로 바뀌고, 현재의 내가 아무리 노력해도 '나는 여전히 부족하다'는 느낌이 사라지지 않는다. 이 악순환은 자기와의 신뢰 관계를 무너뜨린다. 하루 종일 열심히 살아도 SNS 속 누군가의 삶 앞에서 내 일상은 초라해지고, "나는 왜 이렇게밖에 못 살지?" 하는 자기 부정으로 이어진다. 결국 불안, 자책, 박탈감, 무기력이라는 감정들이 차곡차곡 쌓이며, 우리는 스스로 '행복하지 않은 나'를 계속해서 만들어간다.

◆ 비교의 덫에 빠질 수 있는 일상생활 예

1. SNS 피드 - 나도 모르게 "나는 왜 이러고 있지?" 하며 현실 자책을 시작한다.
2. 지인 결혼식에 다녀온 후 '나도 저렇게 해야 하나?'라는 생각에 빠진다.
3. 동료의 승진 소식을 들었을 때 '나는 왜 아직 그대로일까'라는 열등감이 밀려온다.

4. 아이 친구 엄마와 학원 이야기 - '우리 아이는 뭔가 부족한 걸까?'라는 조바심에 빠진다.
5. 휴가 때, 집에 혼자 있을 때, '나도 어디라도 가야 하나?' 하는 허무감과 무기력이 밀려온다.

비교는 거창한 순간이 아니라 지극히 평범한 일상생활 속에서 조용히 스며든다. 그리고 그 작은 균열이 결국, 나를 불행하게 만드는 시작이 된다.

💬 비교의 덫에 빠지지 않으려면

비교의 덫에서 벗어나기 위해 가장 먼저 필요한 것은 '남을 덜 보는 연습'이 아니라 '나를 더 보는 연습'이다. 타인의 삶은 결코 내 삶의 정답지가 될 수 없다. 누군가는 앞서가는 것처럼 보이지만, 그 길이 나에게 맞는지는 알 수 없다. 자신만의 기준을 세우지 않으면, 우리는 언제나 누군가의 속도에 쫓기며 살아가게 된다. 비교는 '기준 없음'에서 비롯된다. 비교를 멈추기 위해 필요한 것은 더 많은 것을 얻기 위한 노력이 아니라, 나의 중심을 되찾는 일이다.

비교의 덫을 빠져나오려면 **첫 번째, 내 감정을 자주 들여다보는 습관을 갖는다.** 비교는 불안정한 감정에서 더 쉽게 자란다. 남의 기준이 아닌 내 마음의 기준에 더 가까워지자.

◆ 내 감정을 들여다보는 데 도움이 되는 질문 3가지

1. 나는 지금 어떤 감정을 느끼나?
(감정에 이름을 붙이면, 덜 막연하고 덜 휘둘리게 된다.)
2. 이 감정은 어디에서 비롯된 걸까?
(감정의 출처를 알면, 그 감정에 덜 끌려다니게 된다.)
3. 내가 진짜 원하는 건 뭘까?
(비교를 멈추고 내가 진짜 원하는 걸 솔직하게 들여다본다.)

두 번째, 감사의 감각을 회복한다. 비교는 언제나 '없는 것'에 시선을 붙잡아두지만, 감사는 이미 '내가 가진 것'에 시선을 돌리게 만든다. 오늘 하루 고마웠던 일 세 가지만 떠올려보자. 나를 받아들이는 힘은 감사에서 시작된다.

◆ 감사의 감각을 깨우는 질문 3가지

1. 오늘 하루 중 '작지만 따뜻했던 순간'은 무엇이었지?- 특별하지 않아도 괜찮다.

2. 내 삶에 당연하지 않은 '지금 있는 것'은 무엇일까? - 이미 가진 것의 의미를 복원해준다.
3. 나를 웃게 해준 사람이나 장면은 뭐였을까? - 이런 기억은 감정의 온도를 달라지게 한다.

세 번째, 어제의 나와 오늘의 나를 비교한다. 진짜 비교는 타인과의 경쟁이 아니라 어제보다 나아진 나를 확인하는 과정이다. 작은 변화라도 스스로 인식하고 칭찬해줄 수 있어야 한다. 그것이 반복될 때, 우리는 남의 기준에서 벗어나 나만의 성장 궤도를 따라가게 된다.

◆ **나의 성장을 확인하는 3가지 질문**

1. 오늘 나는 어제보다 어떤 점에서 조금이라도 나아졌을까? - 변화는 작을수록 진짜다.
2. 오늘 내가 나에게 해준 가장 잘한 일은 무엇일까? - 자기 돌봄은 성장을 지속시키는 연료다.
3. 오늘 내게 '잘했어'라고 말해주고 싶은 순간은? - 자신을 인정하는 연습은 자존감을 높인다.

💬 내 속도 회복하기

비교는 나를 흔드는 것이 아니라 나를 잊게 만드는 일이다. 남의 속도, 남의 기준, 남의 삶을 쫓느라 정작 나의 감정, 욕구, 가치관은 뒷전이 되기 쉽다. 하지만 우리는 기억해야 한다. 가장 오래 함께할 사람은 타인이 아니라 바로 '나' 자신이다. 남을 덜 보는 연습이 아니라, 나를 더 들여다보는 연습만이 비교의 덫에서 빠져나오는 길이다. 자신이 느끼는 작은 감정도 잘 들여다보고, 나에게 감사하며, 어제보다 단 1%라도 나아진 나를 인정하는 것이 필요하다. 이러한 실천이 반복될 때, 우리는 남과 비교하지 않고 충분히 의미 있는 삶을 살아갈 수 있다. 그때서야 나만의 리듬이 들리기 시작할 것이다.

| Tip | **비교의 덫에서 벗어나기 위한 5가지 습관**

❶ '지금 내 마음은 어떤가?'를 하루 한 번 묻기
비교는 감정을 인식하지 못할 때 더 쉽게 파고들어요. 감정의 흐름을 자주 점검할수록 비교의 자극에 덜 흔들려요.

❷ SNS 사용 시간을 줄이고, 기록하는 습관 만들기
손으로 내 삶을 쓰기 시작하면 타인의 삶보다 내 하루가 더 또렷해져요.

❸ 감사의 순간 포착하기
오늘 하루 중 감사했던 순간 세 장면을 짧게라도 적어봅니다. '갖지 못한 것'보다 '이미 갖고 있는 것'을 바라보는 눈이 생겨요.

❹ 과거의 나와 현재의 나 비교하기
진짜 비교는 남이 아닌 '어제의 나'와의 비교. 나의 성장에 집중합니다. 어제보다 단 1%라도 나아졌다면, 그것으로 충분해요.

❺ '나는 이런 사람이 되고 싶다'라는 문장 써보기
삶의 방향이 또렷해질수록, 남의 길은 그저 참고 자료일 뿐이에요.

완전한 인간은 없다
부족한 나를 인정하자

　완벽한 인간은 없다. 우리는 이 사실을 너무나 잘 알고 있다. 그러나 막상 자신의 부족함을 드러내는 순간, 인정받지 못할 것 같은 불안감이 든다. 말 한마디에 괜히 위축되고, 실수를 오래 붙잡는다. 흠이 드러나면 무가치하게 여겨질까봐 늘 긴장하고, 마음을 숨긴 채 살아간다. 이에 비해 자신의 부족함을 담담히 인정할 수 있는 사람은 타인의 기준에 휘둘리지 않는다. '완벽해야 한다'는 믿음에 얽매이지 않는다. 자신의 부족함을 인정하는 사람이 자유에 가까워질 수 있는 이유다. 그대로의 나를 긍정할 수 있을 때, 비로소 자유롭다.

💬 완벽해지려는 이유

　완벽해지려는 마음은 사랑받지 못할까봐, 인정받지 못할까봐 두렵고 불안한 마음의 또 다른 표현이다. 불안이 강할수록 우리는 자신을 더 깎아내며, 타인의 기준에 맞춘 가짜 완벽을 추구하게 된다. 실수를 곧 나의 무가치함을 드러내는 일처럼 느낀다. 조금만 부족해 보여도 마음이 잔뜩 움츠러든다. 그러다 보면 우리는 점점 완벽해지기보다, 완벽해 보이기 위한 애를 쓰게 된다. 진짜 감정은 감추고, 겉으로 보이는 모습만을 계산한다. 결국 나는 '나답게'가 아니라, '남들 보기에 괜찮은 사람'으로 살아가게 된다.

존 볼비의 애착 이론에 따르면, 어릴 때 양육자로부터 조건부 사랑을 경험한 아이는 사랑받기 위해 '착하고, 실수하지 않아야 한다'라는 내면의 기준을 세우게 된다고 한다. "완벽해야 인정받고, 그래야 사랑받을 수 있어"와 같이 완벽을 추구해야 사랑받을 수 있는 것을 조건부 사랑이라고 한다. 이러한 사랑은 점점 자라면서 '완벽해야 괜찮은 나'라는 자기 이미지를 만든다. 그 결과, 항상 자신을 검열하고, 타인의 시선에 과도하게 민감해질 수밖에 없다. 조건을 충족했을 때만 괜찮은 사람이고, 그렇지 않으면 무가치하다고 여기는 믿음이다. 그리고 이 믿음은 대부분 아주 어린 시절부터 형성된다.

우리가 완벽해지려는 또 다른 이유는, 미국의 심리학자 앨버트 엘리스(Albert Ellis)가 제시한 REBT(합리적 정서 행동치료)에서도 찾을 수 있다. 엘리스는 사람들이 괴로워지는 이유 중 하나로 '당위적 사고(Must Thinking)'를 말했다. "나는 반드시 완벽해야 해", "나는 절대 실패해서는 안 돼", "사람들이 나를 싫어해서는 안 돼." 이런 당위적이고 비합리적인 신념은 자신을 끊임없이 몰아붙이게 만들고, 실패를 두려워하며, 타인의 반응에 과도하게 휘둘리게 한다. 완벽주의는 겉으로는 강해 보이지만, 사실은 자신을 보호하기 위한 심리적 방어기제다. 하지만 그 갑옷은 무겁다. 결국 그것은 스스로를 가장 지치게 만드는 내면의 덫이 되어버린다.

◆ '애착 이론'과 '당위적 사고'의 예

"나는 실수하면 안 돼."
➡ 도전 자체를 회피하거나, 끝없이 자기 검열을 반복

누군가에게 인정받아야 내가 괜찮은 사람이다.
➡ 칭찬에 중독되거나, 비판에 상처받음

모든 일을 완벽하게 해야만 가치가 있다.
➡ 스스로 깎아내리며 쉽게 좌절과 번아웃이 옴

"남들보다 뒤처지면 안 돼."
➡ 비교에 집착하고, 자기 속도 대신 타인의 속도에 휘둘림

"나는 강하고, 항상 침착하고 멋져 보여야 해."
➡ 감정을 감추고 진짜 나를 드러내지 않음

이 두 이론 모두 우리가 왜 불완전함을 두려워하고 완벽을 추구하는지에 대한 공통된 통찰을 제공한다. 어린 시절의 경험이든, 비합리적인 믿음이든, 그 뿌리에는 '있는 그대로의 나로

사랑받기 어렵다'라는 깊은 불안이 숨어 있다.

💬 불완전함을 받아들이는 용기

실수는 부끄러운 것이 아니라 내가 살아가고 있다는 증거다. 부족함은 나를 초라하게 만드는 것이 아니라 나를 사람답게 만드는 흔적이다. 모두 불완전한 존재이기 때문이다. 이 사실을 인정하는 데 오랜 시간이 걸린다. 진짜 용기란, 흠이 있어도 괜찮다고 말할 수 있는 마음이다. 잘하려는 마음보다 있는 그대로의 나를 받아들이는 힘이 더 큰 용기다. 완벽하지 않아도 사랑받을 수 있다. 부족해도 괜찮은 사람이라는 것을, 내가 먼저 믿어야 한다. 흠 없이 잘하는 사람이 아니라 실수해도 인정할 줄 아는 사람이 되자.

미국의 사회심리학자 브레네 브라운(Brene Brown)은 TED 강연에서 "취약성은 약점이 아니라 용기의 시작점이다"라고 말했다. 그녀는 저서 《마음 가면(Daring Greatly)》에서도 취약성은 관계와 신뢰를 만드는 힘임을 강조했다. 진짜 연결은, 내가 부족한 존재라는 걸 드러냈을 때 더 깊어진다는 의미다. 불완전함을 받아들일 줄 아는 사람은 타인의 시선에 갇히지 않는다. 그는 외적으로 무장하지 않아도 자신을 지킬 줄 알기에, 더 자연스럽고 진실하게 말하고 행동할 수 있다. 자신의 실수와 부족함을 숨기지 않고 인정할 수 있는 사람이야말로 자기 자신에게 진실하고, 진짜 강한 사람이다.

　어느 날 수업 중, 내가 순간적인 발음 착오를 했다. 그러자 학생 중 한 명이 조심스레 "선생님, 그거 '코우'가 아니라 '카이'예요"라고 했다. 순간 얼굴이 화끈거렸지만, 곧바로 "아고고, 실수했네. 혼동을 줬네. 미안해! 그래도 덕분에 우리 반, 오늘 이 글자는 완전히 기억에 박히겠다. 알려줘서 고마워. 선생님도 틀릴 수 있지롱"이라고 말했다. 그 순간 수업을 듣는 아이들도 함께 웃었고, 어색했던 분위기도 금세 부드러워졌다. 그날 이후, 나도 아이들도 실수를 두려워하지 않게 되었다. 실수하면 '바로잡으면 되니까, 틀려도 괜찮다'라는 안심이 생겼다. 이 경험을 통해 불완전함을 받아들일 줄 아는 어른이, 아이들에게는 더 큰 힘이 됨을 알았다.

　실수를 인정하는 것의 가치는 단순히 겸손이나 미덕 차원을 넘어선다. 신뢰, 자기 성장, 관계 회복, 정서적 안정에 깊이 연결될 수 있다. 실수는 누구나 하지만 모든 사람이 그 실수를 인정할 줄 아는 건 아니다. 어떤 사람은 감추고, 어떤 사람은 남 탓을 하며 피하려 한다. 하지만 오히려 실수를 인정할 줄 아는 사람이야말로 신뢰를 얻을 수 있다. 실수를 솔직히 인정하면,

그 사람은 '완벽한 사람'이 아니라 '진짜 사람'으로 보인다.

실수 앞에서도 당당한 모습은 자기 자신에 대한 믿음이 있기에 가능한 태도다. 그리고 그 솔직함은 타인에게도 "나도 틀려도 괜찮구나"라는 안심을 준다. 실수를 인정하는 것은 곧, 내가 내 실수와 함께 살아갈 수 있는 사람이라는 뜻이다. 부끄러워 숨기기보다, 드러내고 배우려는 사람만이 진짜 성장할 수 있다.

◆ 실수했을 때 바로 하면 좋은 5가지 말과 행동

"실수했습니다. 바로 수정하겠습니다."
- 핑계 없이 깔끔하게 인정. 책임감과 신뢰감을 줌

"혼동을 드려서 죄송합니다."
- 실수로 인한 영향을 먼저 인정하고 해결. 신뢰감을 줌

"이건 제가 배워야 할 부분이었네요."
- 학습하는 태도를 보임. 성장의 발판이 됨

"덕분에 다시 확인할 수 있었어요."
- 지적에 방어하지 않고 감사로 응답. 관계가 좋아짐

침착하게 미소 지으며 고개 끄덕이기
- 분위기를 부드럽게 전환할 수 있음

실수는 우리를 약하게 만드는 게 아니다. 실수를 인정할 줄 아는 태도야말로 우리 내면의 강함을 보여주는 증거다.

💬 나 자신을 인정하려면

심리학자 칼 로저스(Carl Rogers)는 말했다. "변화를 위한 첫걸음은, 있는 그대로의 나를 수용하는 것이다"라고. 진짜 변화는 자신을 있는 그대로 받아들일 때부터 시작된다는 것을 의미한다. '지금 상태의 나도 괜찮다'라고 인정할 수 있을 때, 우리는 타인의 반응에 덜 휘둘린다. 누군가의 인정이 덜 필요해지고, 비교나 평가 프레임에서도 조금씩 벗어날 수 있다. 나의 부족함, 나의 실수, 나의 감정까지 모두를 '내 편'으로 껴안아줄 수 있을 때 나는 더 이상 '조건부로 사랑받는 존재'가 아니라, 조건 없이 존중받아 마땅한 사람이 된다.

실수를 인정하기 어려운 이유는 단지 부끄러워서가 아니다. 그 순간, 나 자신에게 "나는 완벽하지 않다"라고 말해야 하기 때문이다. 내 가치를 '실수 없는 사람'에 두고 있다면, 작은 실패 하나에도 나는 금세 무너진다. 하지만 내 가치를 솔직함과 회복력에 둔다면, 실수는 부끄러운 일이 아니라 배우는 과정이 된다. 다음번에 같은 실수를 반복하지 않으면 된다.

실수를 인정하는 태도는 진짜 성장을 가능하게 만드는 출발점이다. 인정하지 않으면 순간은 모면할 수 있어도 배움은 남지 않는다. 반대로 실수를 받아들이는 사람은 그 안에서 무엇이 부족했고, 무엇을 바꿔야 하는지를 돌아보게 된다. 그 과정이 곧 자기 인식이며 자기 성찰이다. 그래서 더는 같은 실수를 반복하지 않고, 내면의 회복탄력성(resilience)도 자란다. 흔들릴 수는 있어도 무너지지 않는 힘은 "다음엔 더 나아질 수 있다"는 자신에 대한 믿음에서 비롯된다. 실패를 두려워하지 않는 사람만이 도전과 변화를 시작할 수 있다.

자신의 실수를 인정하는 사람은 타인의 실수에도 비난보다 이해로 반응한다. 그는 "나도 그랬지"라고 말할 줄 아는 사람이다. 그래서 관계는 더 따뜻해지고, 더 단단해진다. 성장하는 사람은 실수 없는 사람이 아니다. 실수로부터 계속 배우는 사람이다. 정신의학적으로 '심리적으로 건강한 사람'의 기준 중 하나가 자기 결정력, 자기 의지력이다. 그리고 그 안에는 이런 문항이 있다. "나는 있는 그대로의 나를 받아들이는가?" 이 질문에 "예"라고 답할 수 있는 사람은, 자신이 겪은 모든 경험들이 지금의 나를 이룬다는 사실을 이해한 사람이다.

◆ 나 자신을 인정하는 말 5가지

1. 지금 이 정도의 나도 괜찮아.
(부족한 오늘의 나도 충분히 괜찮은 사람)
2. 그때의 실수는, 지금의 나를 더 단단하게 해줬어.
(실수는 배우게 해주는 기회)

3. 남들과 달라도 괜찮아. 나는 나만의 길을 걷고 있어.
(내 속도대로 가는 나를 응원)
4. 감정에 솔직한 나도 참 소중해.
(지금의 감정은 모두 내가 살아 있다는 증거)
5. 나는 지금까지도 잘해왔고, 앞으로도 잘할 수 있어.
(앞으로도 계속 성장할 수 있음)

누구에게도 휘둘리지 않는 내가 되기 위하여

완벽해지려는 마음은 일종의 심리적 '갑옷'이다. 하지만 그 갑옷은 무겁고 숨이 찬다. 타인의 반응에 과도하게 민감한 이유는, 그들이 내 가치를 결정할 수 있다고 믿기 때문이다. 진짜 힘은, 나 자신이 나의 가치를 결정할 수 있을 때 생긴다. 누군가의 칭찬 없이도 괜찮고, 누구의 표정 하나에도 무너지지 않는 내면의 힘은 내가 나를 있는 그대로 받아들일 때 자란다. 실수를 인정하는 건 자신을 포기하는 것이 아니다. 실수도, 감정도, 모자람도 내 삶의 일부로 껴안을 수 있을 때, 우리는 더 이상 타인의 기준이 아닌, 나의 기준으로 나를 살아갈 수 있다.

| Tip | **실수했을 때 바로 해야 하는 것**

❶ 인정 먼저, 핑계는 나중에
→ "제가 실수했어요." 이 한마디가 관계를 지키는 첫걸음이에요.

❷ 책임 회피하지 않기
→ 사소한 일이라도 "제가 다시 확인하겠습니다"라고 말해보세요.

❸ 당황해도 감정을 침착하게 다스리기
→ 호흡을 가다듬고, 말투를 부드럽게 유지하세요. 태도가 결과를 바꿔요.

❹ 해결책을 함께 제시하기
→ "지금 수정하고 공유해드릴게요." 실수는 복구 의지가 있을 때 신뢰로 변해요.

❺ 자신을 너무 몰아붙이지 않기
→ "괜찮아, 누구나 실수할 수 있어." 스스로에게 따뜻한 말 한마디를 건네요.

나만 불행하다는 착각

문득 이런 생각이 들 때가 있다. "왜 나만 이렇게 힘들지?", "다른 사람들은 다 잘나가는데." SNS 속 사람들은 해외여행을 다니고, 성공을 인증하고, 사랑을 자랑한다. 지금의 내 모습만 너무 초라하고, 뒤처져 있는 것 같다. 그런데 정말 '나만' 불행한 걸까? 이 비교는 현실이 아니다. 그들 모습은 가장 반짝이는 순간, 연출된 장면일 뿐이다. 슬픔, 외로움, 실패는 숨겨져 있다. 진실된 그대로의 삶의 비교가 아닌, 누군가의 하이라이트와 나의 무편집본을 비교하는 것이다. 나만 불행하다는 생각은 내 감정을 왜곡하고, 이 왜곡된 감정은 '진짜 나의 삶'을 흐리게 만든다.

💬 불행이 싹트는 이유

행복과 불행 모두 사람의 감정에서 자란다. 그런데 유독 불행이 더 크게 느껴지는 이유는 무엇일까? 같은 상황이라고 해도 어떤 사람은 '별일 아니다'라고 넘기고, 어떤 사람은 '왜 나한테만 이런 일이 생기지?'라고 더 부정적으로 생각한다. 우리가 불행하다고 느끼는 대부분의 원인은 타인과의 비교에서 비롯된다. 이런 차이가 생기는 이유는 감정은 '사실'이 아니라 '해석'에서 오기 때문이다. 같은 상황에서도 어떤 사람은 '별일 아니다'라고 넘기는 반면, 어떤 사람은 '왜 나한테만 이런 일이 생기지?'라고 반응한다.

심리학자 리처드 라자루스(Richard Lazarus)는 '감정은 자극 자체보다, 그 자극을 어떻게 해석하느냐에 따라 달라진다'고 했다. 즉, 불행은 감정이 아니라 해석의 결과라는 뜻이다. "나만 뒤처진 것 같아", "왜 나에게만 이런 일이 반복되지?" 이런 감정이 들 때마다, 우리는 "정말 '나만' 그런 걸까?"라고 물어봐야 한다. 내가 느끼는 감정 차원에서는 진실일 수 있지만, 사실(fact)은 아닐 수 있기 때문이다. 감정은 진짜이지만, 그 감정이 가리키는 방향은 틀릴 수 있다. 행복은 상황이 아니라 바라보는 '관점'에서 시작된다.

심리학자 필립 브릭먼(Philip Brickman)과 댄 코츠(Daniel T. Campbell)는 '쾌락 적응 이론(Hedonic Adaptation)'으로 '감정의 상대성'에 관해 설명했다. 이 이론에 따르면, 사람에겐 어떤 긍정적인 변화나 성공을 겪더라도 시간이 지나면 다시 이전 감정 상태로 되돌아가려는 경향이 있다고 한다. 아무리 좋은 것을 가져도 그 상태에 익숙해지는 순간, 행복감은 줄어든다. 같은 월급도 누구와 비교하느냐에 따라 만족도가 달라지고, 같은 외모도 어떤 사람들 속에 있느냐에 따라 자존감이 달라지는 이유다. 행복은 가진 것의 절대값보다, 그걸 바라보는 시선과 해석에 더 크게 좌우됨을 깨닫자.

'순간의 감정'을 절대적인 진실처럼 받아들이기보다, 그 감정이 어떤 해석과 비교로부터 만들어졌는지 들여다볼 필요가 있다. "나는 왜 이런 감정을 느끼는 걸까?"라고 묻는 것만으로도 감정에 압도되지 않는, 감정과의 거리를 둘 수 있다. 그 거리가 생길 때, 나의 삶을 다시 바라볼 여유가 생긴다. 불행은 때로 지금의 현실이 아니라 지금의 해석에서 비롯된다. 나만의 기준이 회복될 때, 우리는 '덜 불행한 삶'을 넘어서 더 충만한 삶을 살아갈 수 있다.

◆ 이때 할 수 있는 질문 3가지

"지금 이 감정은 어떤 생각이나 비교에서 비롯된 걸까?"
"내가 지금 집중해야 할 '나만의 기준'은 무엇일까?"
"이 감정을 느끼는 나에게 지금 가장 필요한 것은 무엇일까?"

💬 불행하다는 생각을 다르게 해석하는 연습

불행하다는 생각이 들 때, 우리는 그 감정을 '사실'처럼 믿는다. "내가 지금 이렇게 느끼니까, 나는 정말 불행해"라고 생각해버린다. 하지만 감정은 언제나 진실이 아니다. 내가 지금 세상을 해석하고 있는 방식의 반영이다. 평온하게 지나간 행복한 날임에도 SNS에서 누군가의 성과를 보고 괜히 마음이 우울해진다면 그건 실제 삶이 불행한 게 아니다. 비교를 통해 해석된 감정일 수 있다. 이것을 확실히 인식할 필요가 있다. 잘 인식하기 위한 방법이 있다.

첫 번째, 지금의 '이 감정'을 그대로 노트에 적는다. 감정에 이름을 붙이는 것이다. 막연함을 구체화하면 덜 휘둘린다. 불행이라는 단어는 너무 크고 추상적이다. "지금 내가 느끼는 건 외로움일까, 허무함일까, 혹은 단순한 피로일까?" 감정에 이름을 붙이는 순간, 그 감정은 잡히지 않는 괴물이 아니라, 다룰 수 있는 메시지가 된다. 솔직하게 적다 보면 막연했던 감정의 크기가 줄어든다. 감정은 드러낼수록 다뤄지기 쉬워진다.

◆ 감정에 이름 붙이는 질문 3가지

1. "내 감정을 하나의 단어로 표현한다면, 어떤 단어가 가

장 가깝지?"

➡ 불안, 외로움, 분노, 질투, 슬픔, 허무함, 지루함 등으로 감정의 언어화 연습

2. "이 감정을 처음 느낀 건 언제였지? 어떤 사건이나 말, 장면 때문이었을까?"

➡ 감정의 '방아쇠'를 찾아보는 질문. 막연한 감정을 맥락 속에 위치시킨다.

3. "지금 내 몸은 이 감정을 어떻게 표현하고 있지?"(예: 가슴이 답답하다, 어깨가 무겁다)

➡ 감정과 신체 감각을 연결하는 연습으로, 감정을 더 구체적으로 인식

두 번째, 감정을 '사실'이 아닌 '정보'로 바라본다. 생각과 감정을 분리하는 연습이다. 불행은 대개 '있는 그대로의 현실'이 아니라, 그 현실을 바라보는 해석에서 생긴다. "지금 내가 이렇게 느끼는 건, 어떤 생각이 그 감정에 붙어 있기 때문일까?" 감정을 자신에 대한 평가가 아닌 일시적인 '정보'로 받아들이면, 훨씬 더 유연하게 대처할 수 있다.

◆ **생각과 감정을 분리하는 3가지 질문**

1. "이 감정이 내게 알려주려는 건 뭘까?"

➡ 감정을 무조건 억누르기보다 메시지 읽기

2. "이 감정은 사실인가, 내가 만들어낸 해석인가?"

➡ 생각에서 비롯됐는지 점검

3. "이 감정을 느낀 이유에 어떤 생각이 붙어 있나?"

(예: 나는 실패자)

➡ 비약 인식

세 번째, 감정 뒤에 숨은 '욕구'를 본다. 감정은 욕구의 언어다. 불행하다는 감정은 "무언가 채워지지 않고 있다"는 신호일 수 있다. 지금 내가 바라는 것이 안정감인지, 인정인지를 살펴보자. 그 감정이 가리키는 방향을 찾아야 행동으로 연결할 수 있는 에너지가 생긴다.

"이 감정은 내게 무엇이 더 필요하다고 말해주는 걸까?"

감정은 멈추라고 말하는 신호일 수도 있고, 무언가를 회복하거나 재정비하라는 마음의 알림일 수도 있다. 불행감은 나를 나무라기 위한 것이 아니라, 조금 더 나를 돌봐야 한다는 안내일 수도 있다. 불행을 해석하는 방식이 달라질 때, 감정은 우리를 짓누르지 않고, 다시 바라보게 만드는 계기가 된다. 그러니 감정에 휘둘릴 것이 아니라, 감정이 전하는 목소리에 귀 기울이며 나를 이해하려는 태도가 필요하다. 그래야 불행이 '끝'이 아니라 변화를 위한 시작점이 된다.

💬 불행하다고 느낄 때, 해야 할 일

불행하다는 감정은 파도처럼 갑자기 훅 하고 덮쳐온다. 이럴 때 우리는 감정에 휩쓸리지 않고, 효과적인 '행동'을 통해 내 감정의 방향을 전환할 수 있다. "나는 왜 이렇게 살아야 하지?", "나는 왜 안 되는 게 많지?"라는 생각이 들기도 한다. 별일 아닌 하루였는데도, 이유 없이 허무하고 가라앉는 날이 있다. 주변 사람들은 다 괜찮아 보이는데 나만 자꾸 멈춰 있는 기분이 들 때. 그럴 땐 감정이 현실을 그대로 비추는 거울이 아니라, 불안과 피로가 만든 왜곡된 렌즈일 수도 있다. 효과적인 '행동'을 통해 감정의 방향을 조용히 돌려세운다.

첫 번째, 몸을 움직인다. 불행은 머리에서 오는 생각이지만, 몸이 가만히 있으면 생각은 더 깊어지고 무거워진다. 그럴 땐 단 10분이라도 산책을 하거나, 정리 정돈, 설거지, 물건 위치 바꾸기처럼 간단한 행동부터 해보자. 몸을 움직이는 순간, 내면의 '정체된 감정'이 함께 순환되기 시작한다. 움직임은 감정을 바꾸는 가장 빠른 도구다.

두 번째, '지금 있는 것'에 집중한다. 불행하다고 느낄 때, 우리는 대부분 '없는 것'만 바라본다. 그럴수록 지금 내가 가진 것, 지금 누리고 있는 것, 지금 곁에 있는 사람을 떠올려본다. '오늘 나를 웃게 한 것이 뭐지? 지금 곁에 있는 고마운 사람은?' 과 같이 내가 당연하게 여기는 소중함을 생각하는 것은 감사로의 전환으로 불행의 감정을 해소하는 실질적인 방법이다.

◆ **지금 있는 것에 집중하는 방법 3가지**

1 감사 일기 쓰기	하루에 3가지 고마운 것 적기. 특별한 일이 아니어도 괜찮다. 예) 따뜻한 커피를 마셨다. 친구에게 웃긴 메시지를 받았다.
2 감각에 감사 붙이기	오감으로 느끼는 것을 한 가지씩 골라 "고맙다"라고 말해본다. 예) 창밖 풍경, 생각보다 좋네. 이 조용한 공간, 고맙다.
3 괜찮은 순간 떠올리기	오늘 중에 나를 웃게 했던 장면 하나를 떠올려본다. 예) 친구가 보내준 웃긴 메시지 또는 따뜻한 커피 한 잔의 여운

세 번째, '나도 괜찮은 사람이야'라고 스스로에게 말한다. 불행은 자기혐오와 연결되기 쉽다. 이때 필요한 것은 나 자신에게 다정한 한마디를 해주는 연습이다. "괜찮아, 오늘도 수고

했어", "이렇게 느끼는 것도 당연해", "너만 그런 거 아니야." 이 말들이 별거 아닌 것 같지만, 자신을 품어주는 말 한마디가 생각의 폭주를 멈출 수 있다. 생각의 브레이크가 되는 것이다. '나만 그런 게 아니야'라는 시선이 나를 회복시킨다. 지치고 불안할 때 누군가의 비슷한 이야기가 큰 위로가 되는 것과 마찬가지다.

💬 불행은 피할 수 없는 감정

불행의 감정에 갇히지 않도록 하자. 작은 행동을 통해 나를 돌볼 수 있다. 불행한 생각이 들 때, 더 나은 생각이 떠오를 때까지 기다리지 말고 더 나은 행동을 먼저 행한다. 우리가 해야 할 일은 불행이라는 감정이 찾아올 때, 그것을 억누르거나 부정하기보다 조용히 나에게 묻는 일이다. 감정이 건네는 메시지를 잘 듣고, 스스로에게 조금 더 다정하게 반응하는 일이다. 나만의 속도로 걷고, 나를 받아들이는 연습은 감정을 다루는 나의 태도를 바꾼다. 불행은 누구에게나 찾아온다. 그러나 그 불행을 어떻게 '해석'하느냐는 전적으로 나에게 달려 있다.

| Tip | **불행하다는 감정이 들 때, 삶을 회복하는 실천 팁**

❶ 10분만 몸을 움직여보세요.
산책이나 정리 정돈, 설거지처럼 단순한 행동이라도 괜찮아요.
감정은 머리로 풀기보다, 몸이 먼저 풀어줄 때가 많아요.

❷ 감정에 이름을 붙여보세요.
"지금 느끼는 건 허무함일까요, 피로일까요?" 막연한 감정을 구체화하면, 훨씬 덜 휘둘리게 돼요.

❸ 나 자신에게 다정한 말을 건네보세요.
"이런 날도 있는 거야", "너만 그런 거 아니야."
스스로 위로하는 연습은, 회복을 선택하는 힘이 돼요.

❹ 하루 중 가장 괜찮았던 순간을 떠올려보세요.
감사는 '지금 없는 것'이 아니라 '이미 있는 것'을 되살리는 기술이에요. 기억의 초점을 좋은 쪽으로 옮겨보면 감정이 부드러워져요.

❺ 감정을 나눌 수 있는 사람에게 연락해보세요.
"나 오늘 좀 힘들었어." 그 한마디만으로도 불행은 절반으로 줄어들 수 있어요. 누군가와 연결될 때, 마음은 조금 더 가벼워져요.

행복한 이기주의자가 되어라

　인간관계가 서툰 사람들은 자신의 감정을 타인에게 쏟아내고, 상대에게 죄책감과 불편함을 남긴다. 상한 감정을 있는 그대로 상대에게 던지는 것은 미성숙한 태도다. 인간관계 고수들은 '감정과 관계'를 철저히 구분한다. 내 기분이 나쁜 건 내 안의 일이고, 관계는 함께 세워가는 공적인 영역임을 잘 안다. 화를 냈다면 푸는 것도 나의 몫이고, 슬퍼서 울었다면 멈추는 것도 내 몫이다. 타인에게 감정을 맡기지 않는다. 감정 결과를 남의 탓으로 돌리지 말자. 자신의 감정도, 행동도 스스로 감당할 줄 아는 사람이 진짜 성숙한 사람이고, 이런 사람들이 '행복한 이기주의자'가 될 수 있다.

💬 내 감정은 내 책임

　감정은 언제나 내 안에서 만들어진 반응이다. 누군가의 말 한마디에 상처받았다고 해서, 그 사람에게 "당신이 날 이렇게 만들었어"라고 말하는 건 옳지 않다. 누군가의 말과 행동이 그 감정의 '계기'가 될 수는 있지만, 그 감정을 어떻게 해석하고 어디까지 키울지는 나의 선택이기 때문이다. "내가 화가 나는 건, 네 탓이야", "내 기분이 안 좋은 건, 네가 그렇게 말했기 때문이야"라는 식의 사고는 결국 내 감정에 대한 주도권을 타인에게 넘기는 것이다. 감정은 느끼는 것만이 중요한 것이 아니라, 어떻게 다루고 책임질 수 있는가가 중요하다.

오래 알고 지낸 지인이 있었다. 많이 믿었고, 함께한 시간도 많았다. 그런데 어느 날, 경제적으로 어렵다며 돈을 빌려달라고 했다. 다급한 것 같아 믿고 기꺼이 도와주었다. 하지만 시간이 지나도 돈은 돌아오지 않았다. 언제쯤 돌려주는 것이 가능하냐는 나의 물음에 그 지인은 오히려 적반하장 태도로 나왔다. 자신이 일부러 그러는 게 아니라며, "왜 그렇게 닦달하느냐"라고 오히려 나를 탓했다. 그 말로 인해 감정의 골은 더 깊어졌다. 결국 나는 돈도 사람도 잃었다는 상실감에 오래도록 힘들었다. 그때 엄마가 나에게 조심스레 말했다. "그냥 마음에서 잊고, 용서해라." 나는 "어떻게 그게 용서가 되는 문제냐고!"라고 단호하게 반박했다. 그런데 그 후 엄마의 이 말 한마디가 마음에 깊이 박혔다. "용서는 그 사람을 위한 게 아니라, 너 자신을 위한 거야. 결국 네 속만 썩어. 잊는 게 네 마음을 살리는 길이야."

이 일 이후로 나는 용서에 대해 전혀 다른 관점을 갖게 되었다. 용서는 더 이상 상대 잘못을 덮어주는 행위가 아니라, 내가 더 이상 '그 일에 끌려다니지 않겠다'라는 '나를 위한 선택'이었다. 미움 속에 머무는 시간보다, 나를 회복하는 시간이 더 가치 있다는 걸 깨달았다. 상대를 위한 것이 아니라, 나를 위한 것이었다. 용서는 상대에게 면죄부를 주는 것이 아니라, 내 감정의 주도권을 다시 내 손에 가져오는 행위였다. 인간관계에서 미움에 오래 머물수록, 가장 아픈 쪽은 결국 '나'이기 때문이다.

내 감정의 주인으로 살아야 행복해질 수 있다. 자기감정을 숨기지도 않지만, 그 감정으로 타인을 조종하지도 않아야 한다. 행복한 이기주의자는 상대 반응에 흔들리지 않으면서도, 자신의 감정을 충분히 이해하고 돌볼 줄 안다. 내 기분이 나쁘다고 해서, 나를 제외한 모두가 불편해야 할 이유는 없다. 감정을 어떻게 다룰지는 오롯이 나의 몫이다.

💬 내가 아닌, 내가 되고자 하는 욕망

우리는 종종 중심을 잃고 '내가 원하는 나'가 아닌, '타인이 좋아할 나'를 좇으며 살아간다. '나는 이래야 한다', '그래야 사랑받을 수 있다'라는 생각들이 어느새 내 안에 자리 잡고 뿌리를 내린다. 내가 원하는 것이 아닌 '누군가의 이상형'에 끊임없이 반응한다. 이것은 결국 '나를 버리고 살아가는 삶'이 되어버린다. 행복한 이기주의자가 되기 위해서는 나의 감정과 욕구를 제대로 들여다보는 용기가 필요하다. "내가 아닌 내가 되고자 하는 욕망"은 사실, 지금의 나를 온전히 받아들이지 못하는 데서 비롯된 거짓 욕망이다.

심리학자 롤로 메이(Rollo May)는 인간이 타인에게 맞추는 함정에 빠지는 이유로 '이 순간의 힘'을 무시하고 과거와 미래에 집착하는 태도를 꼽았다. 그는 "아직 오지도 않은 미래를 위해 오늘을 희생하고, 이미 지나간 과거에 머무는 사람은 결코 균형 잡힌 성격을 가질 수 없다"고 했다. 누군가의 기대, 지나간 상처, 불확실한 미래 그림자 속에 사는 사람은 자신이 진짜 원하는 것이 무엇인지조차 잊게 된다. 자신이 원하는 것과 일치하지 않는 지금 모습으로 내면의 갈등은 깊어진다. 지금의 나를 정면으로 바라보지 않으면 우리는 끝없이 '더 나은 나', '더 괜찮아 보이는 나'를 좇다가 지치고 만다. 진짜 변화는 더 나은 '모습'이 아니라, 나의 더 진실한 '존재'를 향해 가는 여정에서 찾아온다.

'나를 중심으로 생각한다'는 것을 까칠함과 무례함으로 혼동하는 사람들이 있다. 하지만 이 둘의 가장 큰 차이점은 자신과 다른 사람에 대한 존중을 '얼마나 품고 있는가?'이다. 건강한 까칠함을 가진 사람은 자신은 물론 타인에게도 예의를 지킨다. 다른 사람에게도 자신과 마찬가지로 똑같이 잘 대하려고 노력한다. 내 것이 소중하면 남의 것도 소중하다는 사실을 알기 때문이다.

◆ 행복한 이기주의자가 되기 위한 실천 팁 5가지

1. 내 감정은 내 책임이라는 문장을 자주 떠올린다. 지금 내 기분은 내가 선택할 수 있다.
2. 싫은 건 싫다고, 피곤한 건 피곤하다고 말하는 연습을 한다. (나를 지키는 연습)
3. 불쾌한 일이 생기면, '내 탓인가?' 대신 '내게 어떤 감정이 생겼나?'를 먼저 체크한다.
4. 늘 이해하고 배려해야 한다는 강박에서 벗어난다. ('좋은 사람 콤플렉스'에서 벗어나기)
5. "지금 가장 나에게 필요한 건 뭐지?"라는 질문을 스스로에게 한다.

'행복한 이기주의자'란, 타인의 기대나 사회적 역할에 맞춰 꾸며낸 나로 사는 것이 아니라, 이 순간의 '진짜 나'를 지키는 사람이다. 단호하지만 무례하지 않고, 자기감정을 책임지되 타인의 감정도 무시하지 않는다. 타인의 시선에 휘둘리기보다, 나의 내면을 더 자주 들여다본다. 비교 대신 자기만의 기준을 세우는 데 집중한다. 필요할 땐 거절할 줄 알고, 지켜야 할 때는 침묵하지 않는다. 그래야 결국 타인과의 관계에서도 더욱 자유롭고 따뜻한 존재가 된다.

💬 행복한 이기주의자

자신의 감정과 권리를 정중히 지키되, 타인의 감정도 무시하지 않는 사람. '나는 나를 보호할 책임이 있다'라는 믿음을 가진 사람은, 타인을 통해 자신을 채우려고 애쓰지 않는다. 이것이 바로 행복한 이기주의자의 태도다. 이기적이라는 비난이 두려워 경계 없이 참기만 하는 삶은 결국 자신도, 관계도 망가뜨린다. 진짜 행복한 이기주의자는 자기감정을 책임지고, 자기 행동을 의식하며, 무례하지 않게 선을 지키는 사람이다.

💬 행복한 이기주의자의 3가지 조건

우리는 종종 '이기적인 사람'이라는 말을 부정적으로 받아들인다. 하지만 진짜 이기주의자는 남을 해치는 사람이 아니다.

오히려 자신의 감정과 삶에 책임을 지는 사람이다. 행복한 이기주의자는 관계 속에서 무례하지 않으면서도, 나를 지킬 줄 아는 사람이다. 누구에게도 휘둘리지 않고, 타인의 감정에 떠밀리지 않으며, 자신의 삶을 중심에 놓는 사람이다. 그렇게 살기 위해 필요한 건 거창한 철학이나 고도의 기술이 아니다. 세 가지 태도면 충분하다.

첫 번째, 내 감정에 내가 책임을 진다. "내 기분이 나쁜 건, 네가 그렇게 말했기 때문이야", "당신이 날 이렇게 만든 거야." 이런 문장은 듣기에는 쉬워도, 내 감정에 대한 주도권을 타인에게 넘기는 말이다. 감정은 내 안에서 시작된 반응이다. 누군가의 말과 행동이 계기가 될 수는 있지만, 그 감정을 어디까지 품을지, 어떻게 해석할지는 전적으로 나의 몫이다. 행복한 이기주의자는 '감정을 느끼는 것'보다 그 감정을 다루는 능력이 더 중요하다는 것을 안다. 불편한 감정을 남 탓으로 미루지 않고, "나는 왜 이렇게 반응했을까?"를 자문한다. 감정의 주도권을 쥐고 있는 사람이 되자.

두 번째, 상대와의 경계선을 정중히 지킨다. "싫다고 말하면 내가 나쁜 사람이 되는 건 아닐까?"라는 생각이 드는 순간, 우리는 또다시 남의 눈치를 보게 된다. 나를 소외시킨다. 하지만 거절은 공격이 아니라 '자기 보호'다. 건강한 관계의 가장 중요한 경계선이라고 할 수 있다. 행복한 이기주의자는 상대 기분을 존중하지만, 자기 시간을 무리해서 내어주지 않는다. 자신의 한계를 인식하고, 감정의 거리와 시간의 경계를 정중하게 조율할 줄 안다. 정중하게 거절할 줄 아는 사람이 관계를 오래 건강하게 지속할 수 있다.

세 번째, 남의 기준보다 내 기준을 따른다. 행복한 이기주의자는 '좋아 보이는 삶'보다 '나에게 맞는 삶'을 추구한다. 타인의 기준을 내 기준 삼지 않는다. 지금의 나를 있는 그대로 바라보며 중심을 지킨다. 비교하지 않는다. '더 나은 내가 되어야 한다'라는 강박보다는 '지금 나를 더 잘 이해하는 일'을 우선한다. 진짜 내 감정과 욕구 쪽으로 다가간다. '나답게 사는 사람'이다, 이런 사람이야말로 진짜 '행복한 이기주의자'라고 할 수 있다.

◆ '이기적인 사람 vs 행복한 이기주의자' 비교

구분	이기적인 사람	행복한 이기주의자
감정 처리	타인에게 감정을 투사하며 책임 전가	감정을 스스로 인식하고 책임짐
경계 설정	자신의 욕구만 주장, 배려 없음	정중히 거절, 건강한 거리 유지

선택 기준	타인의 기준과 시선에 의존	자신의 감정과 욕구에 귀기울임
관계 태도	휘두르거나 무시함	존중과 자율성의 균형 유지
자기 이해	자신을 몰라서 과잉 방어	자기 이해

💬 진짜 행복한 이기주의자는

행복한 이기주의자의 삶은 결코 자기중심적인 삶이 아니다. 자기감정에 책임을 지고, 자신의 경계를 분명히 하며, 타인 기준이 아닌 나만의 기준으로 살아가는 삶이다. 그러니 우리는 더 이상 '이기적이지 않기 위해' 애쓸 필요가 없다. 이제 '행복한 이기주의자'가 되기 위해 노력하자. 지금 우리에게 가장 필요한 것은 건강한 이기심이다.

| Tip | **행복한 이기주의자가 되기 위한 실천 팁**

❶ 감정에 책임지는 문장을 자주 떠올려보세요.
"지금 내 감정은 내가 선택할 수 있어요."
"이 기분을 키울지, 멈출지는 내 몫이에요."
감정의 주도권을 타인에게 넘기지 않겠다는 다짐부터 시작해요.

❷ 싫다고 말하는 연습을 해보세요.
"지금은 힘들어요", "오늘은 어렵습니다." 정중한 거절은 예의 없는 행동이 아니에요. 나를 지키는 말은 관계도 지켜줘요.

❸ 남의 감정보다 내 감정을 먼저 살펴보세요.
"지금 내가 느끼는 감정은 뭐지?" 타인의 기분보다 먼저, 내 마음 상태를 들여다보는 습관이 필요해요.

❹ '괜찮은 나'보다 '진짜 나'를 선택하세요.
"나는 나답게 살아가고 있나?" 타인의 기대보다 나의 기준에 더 집중하면, 마음이 훨씬 편해져요.

❺ 무례하지 않게 단호해지는 연습을 해보세요.
"내 기준은 이래요. 그리고 그걸 지켜볼게요." 감정을 솔직하게 표현하되, 말과 태도에서는 정중함을 잊지 않는 것이 중요해요.

PART 6

인간관계를 단단하게 만드는 인생 처방

무례한 사람을 상대하는
관계 요령 총정리

"그 말, 꼭 그렇게 해야 했을까?" 누군가의 말 한마디에 하루 종일 기분이 상했던 경험은 누구나 있다. 무심코 던진 말이 내 하루를 무너뜨리기도 한다. 아무렇지 않게 웃으며 던진 농담이 오래도록 쓰리다. 이때 나를 더 힘들게 하는 것은, 이런 말을 들었을 때 내가 어떻게 반응해야 할지 모르는 것이다. 화를 내자니 내가 너무 예민한 사람처럼 보일까 두렵고, 그냥 웃고 넘기자니 마음이 불편하다. '무례함'을 느꼈다면, 우리는 거기서 어떤 선택을 해야 할까? 화내야 할까? 침묵해야 할까? 아니면 단호하게 선을 그어야 할까?

💬 무례함을 구분하는 힘

상처받은 건 나인데 상대는 그 사실을 전혀 모른다. 의도했든 아니든, 상대방의 말과 행동이 선을 넘는 순간이 있다. 결코 내가 너무 예민해서 그런 것이 아니다. 감정은 반응이고, 반응에는 다 이유가 있기 때문이다. 이때 가장 먼저 필요한 일은 상대 태도가 '무례함'이라는 것을 정확히 인식하는 것이다. 참는다고 관계가 나아지지 않는다. 더 이상 반복되지 않도록 하기 위해서 상대에게 무례함을 알려준다. 인간관계에서는 오히려 '말해주는 사람'을 더 존중한다. 중요한 것은 상대의 말에 내가 어떻게 '반응할 것인가'를 내가 결정하는 것이다.

말이 거친 것만 무례가 아니다. 말투가 공손해도 뉘앙스나 태도로 충분히 무례할 수 있다. 무례함을 알아차리기 위해서는 겉으로 보이는 언행뿐만이 아니라, 그 말이 내 감정에 어떤 반응을 일으켰는지를 먼저 들여다봐야 한다. 누군가 "너 요즘 얼굴 왜 그렇게 부었어?"라고 말했을 때, 내가 그 말에 불쾌함을 느꼈다면 그건 무례다. 중요한 건 '상대 의도'가 아닌 '내가 느낀 감정'이다. 상대가 "그럴 뜻은 없었어"라 해도 내 감정은 지워지지 않는다.

◆ 무례함의 구체적인 예

① 사적인 질문으로 경계를 넘는 말 – 친분이나 맥락 없이 하는 개인적인 질문	예) "월급은 얼마나 받아?", "집은 네 명의야, 부모님 명의야?"
② 외모나 신체를 평가하는 말 – 자존감에 상처를 받을 수 있다.	예) "요즘 얼굴 왜 그렇게 부었어?", "살 좀 찐 것 같네. 스트레스 있어?"

③ 비교를 통한 은근한 비하 – 노력을 무시하고 평가하는 방식	예) "○○는 그런 거 잘만 하던데, 너는 왜 못해?", "나는 그 나이 때 벌써 다 했는데?"
④ 감정을 무시하고 덮어버리는 말 – 정서적 무시이며 관계 단절로 이어진다.	예) "그 정도로 힘든 거면 세상 못 살아", "그건 네가 예민해서 그래."
⑤ 조언인 척하면서 통제하는 말 – 진짜 조언은 선택지를 주나, 통제는 방향을 강요한다.	예) "너 잘되라고 하는 말이야", "그렇게 살면 안 돼, 내 말 들어."

무례함의 절대적인 기준은 없다. 하지만 나의 경계를 침범당했다고 느낄 때, 그 순간이 바로 '무례한 상황'이다. 내가 느낀 느낌은 대체로 맞다. 감정이란 내 안의 경보 시스템이기 때문이다. "내가 너무 예민한가?", "원래 저 사람 말투가 저래"라는 식의 자기 검열은 무례함을 방치한다. 그 방치는 반복을 부르고, 반복은 더 큰 상처를 만든다. '나의 감정을 신호로 인식하고, '무례함'이라는 것을 정확히 인식한다. 나의 감정을 일방적으로 확대해서 받아들이는 것도 문제지만, 감정을 억누르고 외면하는 태도는 내가 나를 무시하는 태도다.

💬 무례함에 대처하는 3단계 전략

무례한 사람을 만나면, 참거나 한 번에 터뜨리거나 두 가지 극단 사이에서 흔들린다. "다시는 안 만나야지"라고 결심하면서도 현실에서는 그리 쉽게 되지 않는다. 일상에서 반복적으로 마주쳐야 하는 경우가 많기 때문이다. 이럴 때는 단절이 아니라 '거리 조절'이 필요하다. 상황에 따라, 사람에 따라, 나의 감정 상태에 따라 다르게 반응할 수 있는 유연함이 필요하다. 한번 기준을 세우면 그 뒤부터는 그 기준이 관계의 방향을 정한다. 이 3단계 전략은 그 상황 속에서 어떻게 행동할 것인지를 판단하는 데 도움을 준다.

◆ 1단계: 무시하거나 유머로 넘기기

상대가 습관적으로 던지는 가벼운 말의 무례함은 굳이 정면 대응할 필요 없다. 때로는 한 박자 쉬고, 웃으며 넘기는 것이 좋다. 에너지를 아끼고 내 감정을 지키는 가장 현명한 선택이다.

'한발 물러난 여유'로 상대 기세를 무력화시킨다.

> "아, 그건 또 무슨 신박한 해석이에요?"(웃으며)
> "그런 말 들으려고 여기 온 거 아닌데요~."(웃으며)
> "그 얘기, 오늘은 그냥 우주로 날려 보내시죠~."(웃으며)

◆ 2단계: 정중한 거절 또는 경계 표현

같은 무례가 반복될 때는 반드시 감정을 전달한다. 한 번은 그냥 넘길 수 있지만, 두 번째에는 정확히 경계를 말한다. 그렇지 않으면 상대는 그 말이 괜찮은 줄 알고 반복하기 때문이다. 이 단계에서는 공격이 아니라, 경계선 표시가 핵심이다.

> "그 말은 제겐 조금 상처가 되네요."
> "그런 방식은 듣고 있기가 어렵습니다."
> "그건 저에 대한 오해 같아요. 정정해주셨으면 해요."

◆ 3단계: 거리두기 혹은 관계 정리

아무리 정중히 말해도 변하지 않는 사람이나 내 경고에도 아랑곳하지 않는 사람은 용기를 내어 관계를 정리한다. 정리를 할 수 없다면 접촉 빈도를 최소화한다. 물리적 거리든 정서적 거리든 '줄이는 것'은 나쁜 일이 아니다. 오히려 나를 존중하는 방법이다. 모든 관계를 끝까지 유지해야 할 이유는 없다. 내 감정과 에너지를 보호하는 선택은 도망이 아니라 성숙이다.

> "그 이야기가 반복될 때마다 저는 힘들어요."(당분간 거리두기)

"우리 대화가 서로에게 도움이 되지 않는 것 같아요."
"저는 그런 방식엔 동의하지 않아요."

💬 저 사람은 왜 맨날 저럴까?

무례한 사람을 만날 때 우리는 그 사람을 바꾸고 싶어한다. 하지만 그 노력은 대부분 실패로 끝난다. 무례함은 단순한 말실수가 아닌, 그 사람의 오랜 습관이나 사고방식에서 비롯된 경우가 많기 때문이다. 습관은 잘 바뀌지 않는다. 또한 무례한 사람일수록 자기 행동을 '무례하다'고 인식하지 못하거나, 고칠 생각이 없는 경우도 많다. 정성을 다해 설명해봐야 "넌 왜 그렇게 예민하냐?"라는 반응으로 돌아올 뿐이다. 상대를 향해 "왜 저러지?"라며 에너지를 낭비하기보다는 "이 상황에서 나는 어떻게 반응할 것인가"에 초점을 맞춘다. 상대는 바뀌지 않을 수 있으나 내가 반응하는 방식은 내가 선택할 수 있다.

인간관계도 분위기가 중요하다

말을 굳이 많이 하지 않아도 같이 있으면 마음이 놓이고 편안한 사람이 있다. 마음의 긴장을 풀어주는 사람이다. 반대로 어떤 사람과는 짧은 대화만 나눴을 뿐인데도 괜히 기가 빨린다. 말 한마디가 조심스럽다. 자꾸 눈치를 보게 된다. 인간관계에서 말보다 더 큰 영향을 주는 것은 그 사람의 분위기다. 대화의 기술만이 아니라 관계를 따뜻하게 만들고 유지하는 힘은, 말 사이에 흐르는 느낌이다. 말은 기억에서 흐려질 수 있어도, 그 사람과 함께 있을 때 느꼈던 분위기나 감정은 오랫동안 기억된다. 오래도록 기억되는 사람들의 특징은 어떨까?

💬 불편함을 키우는 사람 vs 편안함을 나누는 사람

좋은 관계를 만드는 사람은 주변 '공기'인 분위기를 '좋은 공기'로 만드는 사람이다. 불편한 말이 오갔더라도 그걸 부드럽게 정리해준다. 어색한 순간에 눈빛 하나로 웃음을 유도하는 사람이다. 굳이 나서지 않아도 주변 사람들이 편안함을 느끼게 하는 사람은 분위기를 감싸는 힘을 가지고 있다. 분위기 파악을 넘어, 그 자리에 흐르는 정서적 흐름을 안다. 말하지 않아도 사람들에게서 느껴지는 신호를 섬세하게 감지하는 능력이 있다.

◆ **편안한 분위기를 만드는 사람의 특징**

1. 말을 하기 전, 상대의 표정과 리듬을 먼저 읽는다.
2. 누군가의 말을 끊지 않고, 끝까지 기다려주는 여유가 있다.
3. 의견을 말할 때도 단정 짓기보다는 제안하듯이 말한다.

4. 누군가가 실수하거나 감정이 올라와도, 비난 대신 안정된 시선으로 바라본다.
5. 내 편을 들어주기보다, 상대 입장도 한 번쯤 상상해보게 만든다.

　반면, 분위기를 불편하게 하는 사람에겐 대체로 다음과 같은 특징이 있다. 말투가 날카롭거나 지나치게 단정적이다. 자기 얘기만 하고 타인의 감정을 놓치기 쉽다. 감정 기복이 심하고, 예측 불가능한 분위기를 만든다. 그 사람과 함께 있으면 말보다 표정을 먼저 살피게 되고, 이야기를 꺼내기 전부터 긴장이 앞선다. 한 공간에 있어도 '조심'이 먼저 떠오르는 사람은 무의식적으로 주변 에너지를 무겁게 만드는 사람이다.

◆ **불편함을 키우는 사람 vs 편안함을 나누는 사람**

구분	불편함을 주는 사람	편안함을 주는 사람
1. 듣는 태도	말을 끊고, 자기 말에만 집중	끝까지 들어주고 공감
2. 말투	단정적이고 공격적으로 들리는 말투	부드럽고 열린 표현을 사용
3. 감정 표현	감정 기복이 크고 예측이 어려움	감정 조절과 안정된 분위기

4. 피드백 방식	비판부터 하고 충고가 많음	공감과 수용이 먼저임
5. 관계 태도	상대를 바꾸려고 하거나 평가함	조언하지 않고 존중함

이러한 차이는 '성격'이 아니다. 그 사람의 '타인을 대하는 태도와 감정 조절 능력'에서 비롯된다. 내가 어떤 태도로 관계에 임할 것인지, 어떤 분위기를 만들어갈 것인지는 내 선택의 문제다. 내가 만들어내는 분위기와 온도가 관계에 전해진다. 관계의 온도는 내가 나를 얼마나 잘 다루느냐에 따라 달라질 수 있다. 머무는 자리에서 어떤 공기를 만들어내는 사람이 될 것인지에 대한 나의 선택이다. 누구에게나 주어진 선택이고, 연습할 수 있는 삶의 태도다. 나도 충분히 좋은 공기를 만들 수 있다.

💬 불편한 사람을 대하는 법

어떤 사람과는 말 몇 마디만 나눠도 피곤해진다. 뭔가 조심스럽고, 오해가 쉽게 생긴다. 대화가 끝난 뒤에도 기분이 찜찜하다. '내가 예민해서 그런가?'라는 생각도 든다. 불편함을 느끼는 감정은 내 마음이 보내는 정직한 신호다. 문제는 그 감정을 무시한 채, 애써 괜찮은 척하며 계속 맞추려 드는 '관계의 방향'에 있다. 그리하여 나의 에너지가 상대에게 맞추려는, 건강하지 않은 방식으로 소모된다. 불편함은 감정의 경고등이다. 관계에서 내가 반복적으로 긴장하고 지친다면, '그 사람에게 어떻게 대할 것인가'를 고민해볼 때다.

첫 번째, '괜찮은 척' 하지 않는다. 불편한 사람 앞에서 너무 괜찮은 척, 아무렇지 않은 척하지 않아도 된다. 내가 느끼는 감정은 틀린 것이 아니다. 불편하다고 느끼는 순간, 이미 그것은 내게 영향을 준 것이다. 억지로 웃지 않아도 되고, 억지로 맞장구칠 필요도 없다. 필요하면 거리두기를 해도 된다. 모든 사람과 잘 지낼 필요는 없다. 불편함이 반복되고, 나를 해치는 관계라면 물리적 거리든 마음의 거리든 줄이는 것이 나를 지키는 조정이다. 그리고 이 조정은 누구도 대신해줄 수 없는, 오직 나의 선택이다.

두 번째, 대화의 깊이와 주제를 조절한다. 불편한 사람에게 너무 많은 정보를 주지 않는다. 나의 고민, 감정, 사생활까지 털어놓으면 오히려 나중에 부담이나 피로로 돌아오는 경우가 많다. 대화 수위를 내가 조절한다. 말을 나눈다고 해서 반드시 속마음까지 보여줄 필요는 없다. 예를 들어, 상대가 자꾸 캐묻는 상황에서는 "그 이야기는 나중에 편할 때 천천히 얘기할게요", "지금은 그냥 조용히 있고 싶어요"처럼 주제를 전환하거나 경계를 표현하는 말을 사용할 수 있다. 상대가 던지는 질문에 무조건 응답해야 할 의무는 없다.

세 번째, 반응보다 태도를 먼저 보인다. 즉각적이며 감정적으로 반응하지 않는다. 상대 페이스에 끌려가게 될 수 있다. 예를 들어, 눈을 피하거나 화를 내는 대신, 조용하지만 단호하게 경계선을 긋는다. 정중하고 단호하게 표현한다. 허용하지 않는 선이 있음을 전한다.

> "그런 얘긴 듣기 불편하네요."
> "그건 제 입장에서는 좀 조심스러운 이야기예요."
> "그런 말은 좀 지나치다고 느껴져요."

네 번째, 불편한 사람에게 너무 많은 감정을 쏟지 않는다. 감정은 에너지다. 어디에 어떻게 쓰느냐에 따라 하루의 기운이 달라지고, 관계의 질이 달라진다. 감정은 좋은 사람에게, 잘 쓸 사람에게 남겨두는 것이 현명하다. 감정을 쓸 사람과 쓰지 말아야 할 사람을 구분하는 능력은 반드시 있어야 한다. 현명한 감정 관리 기술이라고 할 수 있다. 모든 관계에 일일이 반응할 필요 없다. 조용한 태도 하나면 충분할 때도 있는 법이다.

💬 내가 분위기를 바꾸는 사람이 되려면

　우리가 멋진 사람이라고 느끼는 이들은 상대 마음을 편안하게 하는 방식으로 행동한다. 이것은 타고난 기질 문제가 아니다. 연습이 가능한 태도다. 감정 조절 습관이며, 타인을 존중하려는 마음의 표현이다. 내가 어떤 분위기를 품고 있느냐에 따라 상대는 나와의 관계를 오래도록 기억하게 된다. 목소리 하나가 공간의 온도를 바꿀 수도 있다. "당신과 함께 있으면 마음이 편해"라는 말을 듣는 사람은 인간관계의 고수다. 연습하면, 나도 그렇게 될 수 있다.

급할수록 천천히
마음의 속도를 맞춘다

우리는 서로 다른 삶의 속도로 살아가고 있다. 누군가는 반응이 빠르고, 누구는 생각을 오래도록 곱씹는다. 누구는 감정을 금세 드러내고, 누구는 며칠이 지나야 조심스럽게 입을 연다. 속도는 성격이자 기질이다. 옳고 그름의 대상이 아니며, 그 자체로 존중의 대상이다. 성격에는 정답이 없다. 말이 빠르다고 더 진실한 것도 아니고, 조용하다고 해서 감정이 없는 것도 아니다. 서로 세상을 받아들이는 방식이 다른 것뿐이다. 내 삶의 속도만을 기준으로 상대를 평가하면, 상대는 늘 답답하거나 예민한 사람이 되어버린다. 서로의 속도를 인정해야 함께 걸을 수 있다.

💬 서로의 속도 알기

조급함은 대화를 망치는 장애물이다. 급한 마음은 상대의 말을 끊거나, 내 할 말을 미리 정해놓고 기다리게 된다. 이 조급함은 대화를 '교류'가 아닌 '통보'로 만든다. 특히 감정이 듬뿍 담긴 이야기일수록, 상대 감정이 머무를 시간을 충분히 보장하는 것이 중요하다. 감정을 정리할 시간이 필요하기 때문이다. 말의 속도가 느린 사람에게는 기다림이 필요하다. 침묵이 있어도 편하게 괜찮다고 느낄 수 있는 마음의 여유를 가져야 한다. 그 여유가 상대와의 진짜 소통을 위해 마음의 속도를 맞출 수 있으려면 무엇부터 해야 할까?

우선, 나의 속도를 알아야 한다. 대화 중 언제 나의 말투가 빨라지는지를 생각해본다. 내 속도의 패턴을 먼저 파악한다. 상대가 말을 끝내기도 전에 내가 끼어들 때가 있다면 그건 지금 내가 불안하거나 긴장하고 있다는 신호라고 할 수 있다.

> 나는 언제 말이 빨라지는가?
> 어떤 주제에서 특히 조급해지는가?
> 상대가 침묵할 때 나는 어떤 감정을 느끼는가?

마음의 속도가 빠른 사람은 재빨리 말을 던지고, 대화 주도권을 쥐려는 경향이 있다. 그 자체가 잘못은 아니지만, 속도가 느린 상대라면 숨이 찰 수 있다. 이럴 땐 천천히 말하고, 대화의 간격을 둔다. 상대가 주는 템포에 영향을 받기 때문이다. 내가 말을 천천히 하면 그 사람도 자연스럽게 속도를 낮출 수 있다. "제가 생각을 정리하고 말할 수 있도록 잠깐만 기다려주세요"

라고 부탁하면 상대와 경계를 세우면서도 부드럽게 속도를 맞출 수 있다.

마음의 속도가 느린 사람은 생각을 오래 하거나 감정을 표현하는 데 시간이 오래 걸린다. 침묵도 대화의 일부라고 생각한다. 침묵이 흐른다고 해서 대화가 끊긴 것이 아니다. 이 시간은 생각이 정리되고 감정이 정돈되는 시간이다. 상대를 재촉하거나 대신 말해주지 않는다. "그 말 하려고 했죠?"라는 식의 말은 상대의 생각할 권리를 빼앗는다. 그러니 침묵을 불안해하지 않는다. 고개를 끄덕이거나 "천천히 해도 괜찮아요"라고 한다. 상대도 나도 훨씬 편안한 마음이 된다.

나와 상대의 속도 차이를 탓하기보다, 리듬을 나누는 방식으로 대화한다. "당신 말이 빨라서 집중이 안 돼요"라고 직접적으로 말하기보다는 "잠깐만요, 제가 따라가느라 조금 느려졌네요"와 같이 이야기한다. 속도를 낮추게 하면서도 방어를 유도하지 않을 수 있다. 관계의 속도는 맞춰주는 것이 아니라 기다림과 여유로 함께 서로 조율해가는 것이다. 서로의 속도를 인정하고 존중하는 태도가 배려다. 이것이 바로 진짜 '속 깊은 사람'이 되는 길이다.

💬 마음의 속도를 맞추는 세 가지 태도

속도를 맞춘다는 것은 단순히 속도를 느리게 하는 것이 아니다. 상대 감정에 호흡을 맞추는 기술이라고 할 수 있다. '관계에 대한 마음의 태도'다. 내 속도만을 상대에게 고집하면, 상대는 조급해하거나 무시당했다고 느낄 수 있다. 반대로 상대 속도에만 맞추려고 애쓰면, 나는 지치고 무력해진다. 마음의 속도를 맞춘다는 건 결국 '함께 걷기 위한 조율'이다. 그 속에서 더 깊고 안정된 신뢰가 쌓인다. 배려의 리듬을 잃지 않기 위해서는, 서로의 다름을 이해하고 기다릴 줄 아는 여유 있는 태도가 필요하다. 기다림 속에서 관계는 숨을 쉴 수 있다.

마음의 속도를 맞추기 위한 **첫 번째 방법은, 상대 호흡을 먼저 읽는 것이다.** 어떤 사람은 말이 빠르고 직설적이며, 또 다른 사람은 한 문장을 꺼내는 데도 시간이 걸린다. 이 차이를 '틀림'이 아닌 '다름'으로 받아들이는 것이 소통의 시작이다. 말을 꺼내기 전, 잠시 여유를 두고 상대의 말투, 속도, 표정을 관찰한다. 이 작은 관찰이 '나 중심'이 아닌 '우리 중심'의 대화로 나아가는 첫걸음이 된다.

◆ 상대 호흡을 읽는 법

1. 말의 속도를 살핀다.
빠르게 말하는지, 천천히 말하는지 주목한다.
2. 표정과 눈빛을 읽는다.
말보다 먼저 드러나는 감정을 알아차린다.
3. 침묵을 받아들인다.
어색함이 아닌 생각 정리의 시간임을 이해한다.
4. 몸짓과 리듬을 맞춘다.
고개 끄덕임 등으로 상대에게 안정감을 준다.
5. 끝까지 듣는다.
말의 마무리까지 기다리는 것이 진짜 배려다.

두 번째, 한 박자 멈추는 습관을 들인다. 어떤 이야기에도 곧바로 반응하지 않고, 한 템포 쉬는 것이 관계를 부드럽게 만드는 마법 같은 기술이다. 이 멈춤은 단순히 시간을 벌기 위한 것이 아니다. 내 감정을 정리하고, 상대의 말을 되새기는 여유다. 반대로 상대의 말을 끊고 바로 맞받아치는 방식은 자칫 공격처럼 느껴질 수 있다. 내가 지금 이 대화를 신중하게 하고 있다는 표현이라고 할 수 있다. 잠깐의 침묵은 오히려 신뢰를 깊게 하고, 감정의 온도를 낮춘다. 이 여유가 관계의 결을 바꾼다.

세 번째, 기다림을 불편해하지 않는다. 대화 중에는 침묵이 흐르는 순간이 있다. 괜히 뭔가 말을 채워야 할 것 같은 불안감이 올라온다. 하지만 때로는 침묵이 말보다 더 깊은 신뢰를 만드는 시간이 된다. 상대가 말할 준비가 될 때까지 기다리는 태도는 그 조용한 시간을 함께 견뎌주는 관계의 깊이다. 마음이 조급할수록, 기다릴 줄 아는 사람이 진짜 여유 있는 사람이다. 속도를 맞춘다는 건 말의 빠르기를 조절하는 것이 아니라, 감정의 리듬을 함께 조율하는 일이다. 침묵을 견뎌주는 용기 속에서 대화는 완성된다.

💬 감정의 리듬을 조율하는 속도는 배려

관계의 깊이는 말의 속도로 이어지지 않는다. 상대를 존중하며 감정의 리듬을 맞추는 태도가 더 깊은 연결을 만든다. 속도를 맞춘다는 건 상대가 말할 수 있도록 기다려주고, 내가 말하기 전에 생각할 줄 아는 여유에서 나온다. 단순한 인내심이 아니다. 서로를 더 잘 이해하고 싶은 진심에서 비롯된 배려다. 속도를 조율하는 그 작은 태도 하나가, 관계를 지치지 않게 만들고, 신뢰를 오래도록 지켜낸다. 우리는 다 다르고 서로 조율할 수 있다는 믿음 안에서 진짜 소통은 시작된다. 이런 배려로 관계는 함께 걷는 길이 되어간다.

비난보다 칭찬을 입에 담는 사람

별다른 해결책을 제시하지 않아도, 말 한마디에 위로가 되는 사람이 있다. 이상하게 마음이 가벼워진다. 그 사람과 대화를 나누는 것만으로도 "괜찮아, 나 잘하고 있어"라는 안심이 스며든다. 반대로, 어떤 사람과의 대화는 자주 마음을 무겁게 만든다. 칭찬은 인색하고, 지적은 빠르고 날카롭다. 말끝마다 비교가 숨어 있고, 무심코 던진 말에 자꾸 마음이 걸린다. 그 조심스러움은 결국 관계의 거리감으로 이어진다. 대화와 관계가 점점 단절된다.

💬 비난과 칭찬

심리학의 자기결정이론(Self-Determination Theory)에 따르면, 인간은 자율성, 유능감, 관계성이라는 세 가지 기본 욕구가 충족될 때 내면에서 진정한 동기를 발휘한다고 한다. 이 욕구를 충족시키기 위해 칭찬은 매우 중요한 역할을 한다. 칭찬은 단순히 기분을 좋게 하는 말이 아니다. 상대의 유능감을 인정하고, 더 나아가 긍정적인 관계 형성을 돕는 행위다. "잘하고 있어", "이 부분 참 좋았어." 등과 같은 말은 자신을 긍정적으로 인식하게 하고, 성장하고자 하는 내적 동기를 자극한다. 칭찬은 격려를 넘어, 동기의 불씨가 된다.

반면, 비난은 이 세 가지 심리적 욕구를 방해한다. 상대방의 행동을 지적하거나 비교하는 말은 자율성을 침해하고, '왜 그렇게밖에 못해?', '다른 사람은 잘만 하던데.' 같은 표현은 상대의 유능감에 상처를 준다. 또한 반복되는 비난은 관계성의 안정감을 무너뜨려, 상대가 방어적이 되거나 위축된다. 자기결정이론 관점에서 보면, 비난은 단기적으로 통제에는 효과가 있을 수 있으나, 자발적인 동기와 건강한 관계 형성에는 오히려 해가 된다. 지적을 듣는 순간 사람은 '더 나아지고 싶다'가 아니라, '더 이상 드러내고 싶지 않다'라는 마음이 앞서게 된다.

◆ **비난과 칭찬 비교**

항목	비난	칭찬
태도	문제부터 지적	긍정부터 시작
초점	부족한 점, 실수에 집중	잘한 점, 성장 가능성에 집중
어조	날카롭고 단정적	부드럽고 열린 어조
전달 방식	통제하거나 위축시키는 말투	격려하고 편안하게 하는 말투
미치는 영향	방어적이고 거리감을 만듦	신뢰 형성, 관계 강화

◆ 비난과 칭찬 말투 예

비난	칭찬
왜 그랬어?	이거 좋았어.
그게 뭐야?	이거 너무 좋았어.
그건 틀렸어.	이거 좋다. 이렇게 하면 더 좋을 거 같아.
왜 그렇게밖에 못해?	이번엔 어려웠겠지만, 노력한 게 보여.
다른 사람들은 잘만 하던데.	너라서 가능한 일이야. 너무 훌륭해.

비난은 성장을 멈추게 하고, 관계에 거리감을 만든다. 말 한마디로 누군가를 살릴 수도 있고, 무너뜨릴 수도 있다. 따뜻한 말 한마디가 하루를 환하게 만들고, 날카로운 말 한 줄이 며칠을 무겁게 하기도 한다. 좋은 관계를 유지하고 싶다면, 비난보다 칭찬을 먼저 입에 담아야 한다. 칭찬은 있는 그대로의 존재를 인정하는 태도다. 그 인정 속에서 마음은 편안해지고 관계는 단단해진다. 말투는 습관이고, 습관은 관계의 분위기를 만든다.

💬 칭찬을 왜 배워야 할까?

우리는 칭찬이 좋다는 걸 알면서도, 막상 입 밖으로 꺼내는 데에는 어색함을 느낀다. '과장처럼 들리지는 않을까?'라고 걱정되기도 한다. 또는 '당연히 알겠지.' 하고 어색해서 말문을 닫을 때도 많다. 그러나 따뜻한 말 한마디가 관계의 온도를 바꾼다. 칭찬은 단순한 말솜씨가 아니다. 상대의 자존감을 북돋우고, 관계를 단단하게 하는 섬세한 기술이다. 어떻게 해야 칭찬이 진심으로 상대 마음에 가 닿을 수 있을까?

첫 번째, 구체적으로 칭찬한다. '잘했어'보다 '어떤 점이 좋았는지'를 말한다. 막연한 "잘했어"보다는, 어떤 점이 좋았는지를 콕 집어 말해주는 것이 효과적이다. 상대는 자신의 노력과 능력이 정확히 인정받았다고 느낀다. 구체적인 칭찬은 상대의 유능감을 강화한다.

> "정리한 자료 흐름이 정말 매끄러웠어. 앞뒤가 잘 연결돼서 이해하기 쉬웠어."
> "이번에 고객 응대할 때, 목소리도 차분했고 상황 정리도 빠르게 잘했더라."
> "회의 때 끝까지 경청해줘서 고마웠어. 네 반응 덕분에 말

하는 내내 마음이 편했어."

두 번째, 행동을 칭찬한다. 사람 자체가 아닌 행동에 주목하는 것이다. 행동과 과정에 초점을 맞춘 칭찬이 바람직하다. 이런 칭찬은 상대가 다음에도 비슷한 노력을 반복하도록 돕고, 칭찬에 압박감이나 부담을 느끼지 않게 한다.

"회의 전에 자료 정리 열심히 했네. 진행이 훨씬 매끄러웠어."
"오늘 질문할 때 핵심만 콕 짚는 게 인상 깊었어. 준비를 많이 한 게 느껴졌어."
"화났을 텐데 끝까지 차분히 말하려는 모습이 참 좋았어."

세 번째, 비교 없이 칭찬한다. 존재 자체에 대한 칭찬이다. '다른 사람보다 낫다'는 식의 비교 칭찬은 자칫 상대에게 경쟁 압력을 준다. 타인과의 비교 없이 그 사람만의 고유한 장점을 언급할 때, 진짜 마음이 통하는 칭찬이 될 수 있다.

"네가 설명해주니까 훨씬 편안하게 느껴졌어. 말투가 따뜻해서 그런가봐."
"늘 꾸준하게 준비하는 모습이 정말 인상 깊어. 그런 태도, 쉽게 안 되는 거잖아."
"이번 글에서는 네 말투가 그대로 느껴졌어. 네 방식이 글에 잘 묻어나서 좋았어."

　이러한 노력이 있어야 상대에게 칭찬이 제대로 전해진다. 칭찬은 타고나는 능력이 아니라, 배워야 하는 언어다. 그저 좋게 말한다고 되는 것이 아니다. 상대를 제대로 보고, 느끼고, 인정하는 마음에서 출발한다. 칭찬은 자존감을 키우고, 닫힌 마음을 열고, 멀어진 관계를 다시 잇는다. 말은 습관이고, 습관은 분위기를 만든다. 그래서 우리는 지금, 관계를 따뜻하게 만드는 말을 연습해야 한다. 작은 말 한마디가 누군가의 하루를 환하게 밝혀줄 수 있기 때문이다.

기억보다 감정이 오래 간직된다

　그 사람이 나에게 어떤 말을 했는지보다 말 속에서 내가 어떤 기분이었는지가 더 오래 남는다. 비난은 긴장을 남기고, 칭찬은 온기를 남긴다. 이야기를 나눌수록 마음이 놓이는 사람이 되고 싶다면 오늘 하루, 한 사람에게 따뜻한 한마디를 먼저 건네보자. 작은 칭찬 하나가 관계 전체의 분위기를 바꿀 수 있다. 우리가 칭찬을 배우는 이유는 잘 보이기 위해서가 아니라, 서로를 더 잘 보듬기 위해서다. 칭찬으로 좋은 사람들과 더 돈독한 관계를 만들어갈 수 있다.

결국 감사하는 마음이 이긴다

마음이 멀어지는 순간을 되돌아보면 '무엇을 받지 못해서'보다 '내가 주고도 돌아오지 않아서' 서운했던 경우가 더 많다. 관계 속에서 더 이해받고 싶고, 존중받고 싶고, 사랑받고 싶은 욕구가 있기 때문이다. 이럴 때일수록 내가 얼마나 받았는지에 집중하기보다는 감사의 감각이 작동해야 관계의 균형을 잡을 수 있다. 받은 것을 당연하게 여기지 않고, 작은 것도 고마움으로 바라보는 관계는 단단하다. 자신도 덜 외롭고, 덜 상처받는다.

🔍 감사는 관계의 균형을 되돌리는 힘

긍정심리학 창시자 마틴 셀리그만(Martin Seligman)과 다양한 연구자들에 따르면, 감사(gratitude)는 "자신이 받은 도움이나 호의, 삶의 좋은 부분에 대해 의식적으로 인식하고, 그에 대한 고마움을 느끼며, 때로는 그 감정을 표현하는 상태"다. 감사는 단순한 예의나 미덕이 아니다. 심리학자 로버트 에몬스(Robert Emmons)와 마이클 맥컬로(Michael McCullough)의 연구에 따르면, 감사하는 사람은 그렇지 않은 사람에 비해 더 낙관적이고, 스트레스에 잘 대처하며, 삶의 만족도가 높았다. 매일 감사한 일을 적는 단순한 실천만으로도 긍정적인 정서가 증폭되고, 정서적 회복력이 강화된다고 한다.

감사는 특히 관계 안에서 더욱 강력한 힘을 발휘한다. 관계의 시선을 '결핍'에서 '충족'으로 바꿀 수 있다. 불만은 내가 받지 못한 것에 집중하게 만들지만, 감사는 이미 받은 것을 떠올리게 한다. 이 작은 인식의 전환이 감정을 부드럽게 하고, 관계를 의심이 아닌 신뢰의 눈으로 보게 해준다. 부족한 점보다 함께 나눈 순간에 집중할 때, 관계는 훨씬 덜 흔들린다. 감사는 더 바라기 전에, 이미 받은 것을 돌아볼 줄 아는 마음에서 시작된다. 그 마음이 있을 때, 관계는 채워지지 않아도 무너지지 않는다.

감사는 서로의 연결감을 강화할 수 있다. '고마워'라는 말은 단순한 예의가 아니라, "나는 당신의 행동을 알아보고 있어요"라는 신호다. 이러한 인식은 상대에게 존재가 인정받는 느낌을 준다. 따뜻한 연결을 만든다. 주는 사람의 마음을 채우고, 받는 사람의 마음도 열어준다. 정서적 친밀감을 만들어낸다. 상대에 대한 신뢰와 유대감을 높인다. 받은 것을 당연하게 여기지 않고, 작더라도 고마운 감정을 느끼는 사람은 관계에서도 더 안정적이고 따뜻한 연결을 유지할 수 있다.

◆ 대표적 감사의 말

"고맙습니다."
"덕분이에요."
"늘 기억하고 있어요. 감사합니다."
"그 격려, 제게 큰 의미가 있어요."
"그 한마디가 큰 힘이 됐어요."

이런 말이 관계의 온도를 바꾼다. 상대로부터 받은 것을 기억하고 표현하는 태도는 내 선택의 한 범위다. 그 선택은, 나를 따뜻한 감정 속에 머물게 하고, 상대에게는 존재의 가치를 느끼게 한다. 감사를 표현할 줄 아는 사람은 스스로 더 정서적으로 안정되고, 관계 속에서 덜 외롭다. 작은 표현이지만 그 안에는 연결, 존중, 그리고 신뢰가 담긴다. 결국 감사를 선택하는 사람은, 더 단단한 관계와 더 건강한 감정을 가진다.

💬 늘 감사한 마음을 유지하려면

관계가 깊어질수록 상대에 대한 기대는 쌓이고 서운함도 늘어난다. 종종 우리는 '받지 못한 것'에는 오래 머물면서 '이미 받은 것'은 너무 빨리 흘려보낸다. 고마웠던 기억을 다시 떠올려 보면, 마음에 쌓인 불만도 조금은 누그러진다. 감사는 단순한 기분이 아니라 '의식적 선택'으로 길러지는 마음의 태도다. 감사에 집중한다고 해서 내 감정을 억누르라는 말은 아니다. 다만, 한쪽으로 기운 감정을 균형 잡아주는 시선이 필요할 뿐이다. 평상시에도 감사한 마음을 가지려면 다음과 같은 방법이 도움이 된다.

첫 번째, 하루에 하나, 감사한 일을 적는다. 아침이나 자기 전, 오늘 하루 고마웠던 일 한 가지를 떠올려본다. 작은 일이어도 괜찮다. 매일 감사 일기를 쓰는 습관은 긍정 감정을 강화하고, 회복탄력성을 높여준다는 연구 결과도 있다.

> 그땐 챙겨줬었지.
> 힘들 때 곁에 있어줬었지.
> 말없이 기다려줬었지.

두 번째, 익숙한 것을 새롭게 바라본다. 늘 곁에 있는 사람, 자주 하는 일, 당연하다고 느껴지는 순간을 '있어서 다행인 것'으로 바라보는 연습이다. 감사는 새로움이 아니라 '의식의 방향'이다. 무심코 지나치던 일상의 소중함을 되새기는 일이다.

> 1. 매일 아침 차려주는 가족의 식사
> ➡ "늘 있는 일이지만, 이렇게 따뜻한 밥을 먹을 수 있는 건 정말 감사한 일이야."
> 2. 늘 같은 자리에 앉아 있는 동료
> ➡ "말은 자주 안 해도, 곁에 있다는 것만으로도 든든하다는 걸 오늘 새삼 느꼈어."
> 3. 퇴근길 늘 지나치는 동네 가로수
> ➡ "매일 보던 나무인데, 오늘은 바람에 흔들리는 모습이 참 예뻐서 마음이 편안했어."

세 번째, 감사 표현을 말로 자주 꺼낸다. 감정을 표현해야 관계에 반영된다. 작은 말이라도 입 밖으로 자주 꺼내는 연습을 한다. 말은 감정을 구체화하고, 마음의 습관을 만든다. 감사를 표현하는 사람은 자신도 더 충만함을 느끼게 된다. 이런 말들을 입에 담는 사람이 결국은 관계의 중심을 잡는다.

> 힘들어도 "그래도 덕분에 여기까지 왔어."
> 아쉬워도 "그 상황에서도 최선을 다했잖아."
> 서운해도 "그 마음은 이해해. 덕분에 최선을 다할 수 있었어."

감사는 갑자기 느껴지는 기적이 아니라, 일상의 시선을 바꾸는 선택이다. 늘 감사한 마음을 갖는 사람은 더 깊은 관계를 만들고, 더 단단한 자신으로 살게 된다.

💬 인간관계는 실력보다 태도가 만든다

감사는 세상을 바라보는 방식이자 관계를 유지하는 근육이다. 거창한 사건이 없어도, 작은 고마움을 발견하고 표현하는 사람은 스스로가 더 충만하다. 감사를 자주 표현하는 사람은 마음에 여유가 있다. 그 여유는 타인을 향한 배려로도 이어지고, 관계에서 생기는 작은 충돌도 부드럽게 흘려보내는 힘이 된다. 관계는 그렇게 단단해진다. 서운함보다 고마움을 먼저 떠올릴 수 있는 사람, 익숙한 것을 귀하게 여길 줄 아는 사람, 표현을 아끼지 않는 사람이 결국 마음을 지키고, 관계를 살린다. 감사는 선택이고 그 선택이 나를 더 따뜻한 사람으로 만든다.

에필로그

말을 가르치며 마음을 배웠습니다.

말을 오래 공부해온 사람입니다. 일본어를 배운 지는 30년이 넘었고, 지금은 일본어와 한국어 정교사 자격증을 모두 갖추고 국내외 학생들에게 두 언어를 가르치고 있습니다. 외국인에게는 한국어를, 한국인에게는 일본어를 가르치며 확신하게 된 것이 하나 있습니다. 말은 단순한 의사소통 수단이 아니라, 사람과 사람 사이를 잇는 마음의 도구라는 사실입니다.

처음에는 그저 문법과 어휘를 정확하게 전달하고 싶다는 마음이 가장 컸습니다. 그렇게 언어를 가르치며 말을 깊이 들여다보던 중, 어느 순간 깨달았습니다. 말이란 결국 '기술'이 아니라 '마음의 반영'이라는 것을요. 아무리 유창하고 완벽한 문장이라도, 그 말이 상대 마음에 상처를 남긴다면 아무런 의미가 없다는 것을 몸으로 느꼈습니다.

이런 깨달음은 자연스럽게 '말의 태도'에 대한 관심으로 이어졌고, 그 관심은 결국 저를 말투에 관한 책을 쓰는 작가로 이끌었습니다. 단어보다 먼저 마음을 이해하고, 전달보다 먼저 공감해야 진짜 좋은 말이 된다는 걸 알게 되었기 때문입니다. 말에 대해 더 깊이 알아갈수록, 결국 그 뿌리는 '심리'에 닿아 있다는 사실도 깨달았습니다. 그래서 지금은 교육대학원에서 상담심리 교육을 전공하며, 말의 근원이 되는 '마음'을 공부하고 있습니다.

무례함은 단순한 말실수가 아니라, 태도의 문제입니다. 아무리 정제된 단어를 골라도, 상대를 무시하거나 지배하려는 마음이 담겨 있다면, 그 말은 결국 무례하게 다가옵니다. 말은 '형식'이 아니라, 그 안에 담긴 '태도'가 본질입니다. 존중하는 말과 무시하는 말의 차이는, 말투가 아니라 그 사람의 마음가짐에서 비롯됩니다. 우리는 '말을 다듬는 일'을 넘어서 '나의 태도를 점검하는 일'에 더 집중해야 합니다. 말은 결국 마음을 담는 그릇이고, 마음은 결국 태도로 드러납니다.

상대를 존중하는 마음, 그리고 자신을 지키는 태도. 이 두 가지가 건강한 인간관계를 만드는 출발점입니다. 우리는 모두 따뜻한 말을 듣고 싶어합니다. 하지만 진짜 중요한 것은 그 말이 어떤 마음에서 나왔는가, 그리고 그 사람의 태도는 어떤가입니다. 무례한 태도는 관계를 파괴하고, 정중한 태도는 관계를 단단하게 만듭니다. 결국 말이란, 그 사람의 살아온 방식이 묻어나는 태도의 집합체라고 생각합니다.

말을 배우다가 마음을 만났고, 마음을 이해하다가 삶을 배웠습니다. 이 책이, 누군가의 말에 지치고 관계에 상처받아 마음이 다친 독자에게 작은 힘이 되었으면 합니다. 그리고 이 책을 통해 단 한 사람이라도 "아, 나만 그런 게 아니었구나." 하고 마음을 놓을 수 있다면, 그것만으로도 저는 행복합니다. 삶의 여정 한가운데서 써내려간 이 글이, 지금 당신의 마음에도 작은 위로와 통찰로 닿기를 바랍니다. 끝까지 이 책을 읽어주셔서 진심으로 감사합니다.

당신의 말과 마음이 언제나 따뜻하길 바랍니다.
감사합니다.

김현정 드림

부탁인지
요구인지
확실히
말해

초판   1쇄 발행 2025년 9월 20일

지은이   김현정
펴낸이   한승수
펴낸곳   문예춘추사

편집   이상실 구본영
디자인   송민기
마케팅   박건원 김홍주

등록번호 제300-1994-16
등록일자 1994년 1월 24일

주소   서울시 마포구 동교로27길 53, 지남빌딩 309호
전화   02-338-0084
팩스   02-338-0087
이메일   moonchusa@naver.com

ISBN   978-89-7604-753-3   03190

* 이 책에 대한 번역·출판·판매 등의 모든 권한은 문예춘추사에 있습니다.
  간단한 서평을 제외하고는 문예춘추사의 서면 허락 없이 이 책의 내용을
  인용·촬영·녹음·재편집하거나 전자문서 등으로 변환할 수 없습니다.
* 책값은 뒤표지에 있습니다.
* 잘못된 책은 구입처에서 교환해 드립니다.